U0661053

Payback: Debt and the Shadow Side of Wealth

偿还

债务和财富的阴暗面

[加拿大] 玛格丽特·阿特伍德 – 著

张嘉宁 – 译

Margaret Atwood

南京大学出版社

PAYBACK: DEBT AND THE SHADOW SIDE OF WEALTH
by MARGARET ATWOOD
Copyright © O.W. TOAD LTD 2008
Simplified Chinese edition copyright © 2019 Shanghai Sanhui Culture and Press Ltd.
Published by Nanjing University Press
版权登记号：图字10-2019-385 号

图书在版编目（CIP）数据

偿还：债务和财富的阴暗面 /(加) 玛格丽特·阿特伍德著；
张嘉宁译. —— 南京：南京大学出版社, 2019.11
（现代人小丛书）
书名原文：Payback: Debt and the Shadow Side of Wealth
ISBN 978-7-305-07623-7

Ⅰ.①偿… Ⅱ.①玛… ②张… Ⅲ.①债务—研究
Ⅳ.①F811.5

中国版本图书馆CIP数据核字(2019)第191614号

出版发行　南京大学出版社
社　　　址　南京市汉口路22号　　邮　编　210093
出 版 人　金鑫荣

丛 书 名　现代人小丛书
书　　　名　偿还：债务和财富的阴暗面
著　　　者　［加］玛格丽特·阿特伍德
译　　　者　张嘉宁
策 划 人　严搏非
责任编辑　郭艳娟
特约编辑　孔繁尘
装帧设计　COMPUS·道辙

印　　　刷　山东临沂新华印刷物流集团有限责任公司
开　　　本　787×1092 1/32　印张 8.75　字数 124千
版　　　次　2019年11月第1版　2019年11月第1次印刷
ISBN 978-7-305-07623-7
定　　　价　48.00元

网　　　址　http://www.njupco.com
官方微博　http://weibo.com/njupco
官方微信　njupress
销售热线　（025）83594756

"现代人小丛书"策划人言

20 世纪 60 年代以后，全球资本主义进入消费社会时代，奥威尔在《1984》中预言的"老大哥"的普遍统治并没有出现，但赫胥黎所预言的《美丽新世界》欣然降临，人们生活在感官刺激的消费景观中，自己也欢乐地成为这景观的一部分而不自知。

300 年的现代性给人类社会带来巨大进步，许多过去年代不可想象的权利和自由成为人类生活不可或缺的基本内容，但它的问题也伴随着这些进步同时裸露出来，成为这个时代不可摆脱的困惑。

"现代人小丛书"的作者是一群世界一流的知识分子和专家，他们从各个不同的与日常生活紧密相关的领域或问题出发，向公众提供面对后现代社会诸多问题的基本知识和批判性思考。它不是一套传统的公民读本，它讲述的是即便人们已经有了基本政治权和社会经济权，现代社会依旧没有摆脱的工具理性的"铁笼"命运，而生活在其中的人们，当如何面对这些命运。在残缺的人性和不够坚强的道德理性面前，如何坚持对一个好生活的塑造。

　　这套书是理解今天之现代性的批判性思考，它应该成为今日社会的普遍知识，以帮助每个现代人在今天的充满困惑的生活中保持批判的理性和审慎的乐观，以及，更重要的，保持并回归真正自我的本真。

献给格雷姆和杰斯

以及马修和格雷姆·德·杨格

目 录

第一讲 古老的平衡

加拿大自然作家欧内斯特·汤普森·西顿（Ernest Thompson Seton）[1] 在他 21 岁生日时，收到了一份奇怪的礼物。这是一份账单，其中他的父亲记录了与青年欧内斯特的童年和青年时代有关的所有开销，包括医生为接生他而收取的费用。更加奇怪的是，欧内斯特据说已经为此付了钱。我一度认为老西顿先生是个混蛋，但是现在我想，如果他——在原则上——是对的呢？我们单就我们存在这一事实就欠了某人或某物的债吗？如果这样，我们欠了什么债？又是欠了谁的债？还有，我们如何还债呢？

　　写作这本书的动机是好奇心——我的——以及我寄望于通过本书的写作，能够探索一个我知之甚少的主题，而正是这一原因引起了我的兴趣。这一主题就是债务。

　　偿还不是关于债务管理、睡眠债、国债或者管理你的月度收支；也不是关于债务如何实际上是一件好

1　欧内斯特·汤普森·西顿 (1860—1946)，世界著名野生动物画家、博物学家、作家、探险家、环境保护主义者、印第安文化的积极传播者、"美洲林学知识小组联盟"的奠基人、美国童子军的创始人之一。

事，因为你可以借钱使财富增长；也不是关于购物狂或者如何确定你是不是其中之一：书店和网络中到处都是这种材料。

它也与更可怕的债务形式无关：赌债和黑手党复仇；做坏事就会转世成一只屎壳郎的因果报应式的正义；电视剧里长着小胡子的债主用不付租金的方式强迫美女发生不必要的性行为。相反，它是关于债务作为一种人类构建——一个富有想象的构建——以及这一构建如何反映并放大人类贪婪的欲望和人类极度的恐惧。

作家们写作他们担忧之事，阿利斯泰尔·麦克劳德（Alistair MacLeod）[2] 如是说。也写作困惑他们之事，我补充道。偿还这一主题是我知道的最令人担忧、令人费解的主题之一：金钱、叙述或故事，以及横贯其中的宗教信仰所织就的特殊关系，常带有爆炸性的力量。

在我们成年后困惑我们的事，在我们还是孩童的时候就困惑着我们，至少对我来说确实如此。在我

2　阿利斯泰尔·麦克劳德 (1936—2014)，加拿大著名短篇小说家。

成长的 20 世纪 40 年代末期的社会中，有三件事情你
不该问。其中之一就是金钱，尤其是每个人赚多少
钱；第二件事是宗教，开启这一话题将直接导向西班
牙宗教裁判所，甚至更糟；第三件事是性。我生活
在生物学家身边，而且对性——至少由昆虫所实践的
性——我可以躺在家中就能从教材中了解：我对产卵
器可不陌生。对我而言，禁忌的事是另外两件：财务
和信仰。

　　最初，它们好像隶属不同类别。归于上帝之事不
可见。归于恺撒之事则过于物质。它们以金牛犊的形
式存在，这在彼时的多伦多并不常见；它们也以金
钱的形式存在，对钱财的喜好乃是万恶之源。但另
一方面，漫画书中角色史高治·麦克老鸭（Scrooge
McDuck）——我读了漫画的大部分——是一位脾气
暴躁、为人吝啬并常常阴险狡诈的亿万富翁，他的名
字源于狄更斯著名的得救的吝啬鬼埃比尼泽·斯克鲁
奇（Ebenezer Scrooge）。有钱有势的麦克老鸭拥有一
个巨大的钱箱子，里面装满了金币，他和他收养的三
个侄子在其中嬉戏，激起金币的浪花，就像在游泳池
中一样。金钱，对史高治叔叔和年轻的鸭子三胞胎而

言,不是万恶之源,而是令人愉悦的玩物。这些观点中哪一个是正确的呢?

我们这些 20 世纪 40 年代的孩子通常都有一些零花钱,虽然大人们不期望我们总是谈论它或过分地喜欢它,但他们期望我们在早年即学会如何管理金钱。我 8 岁的时候,得到了我第一份带薪的工作。我已经以较有限的方式认识了钱——我每周可以得到 5 美分的零用钱,那时候 5 美分能买到的糖果可比现在多得多。没有花在糖果上的钱我存在了一个立顿锡茶盒里。它有着颜色艳丽的印度式设计,上面画有大象、蒙着华丽面纱的妇女、戴头巾的男士、寺庙和圆顶、棕榈树,以及过蓝的天空。硬币的一面是树叶,另一面是国王们的头像,我对它们的渴望与它们的稀有或美丽的程度有关:国王乔治六世是在位君主,有他头像的硬币是通用货币,因此在我势利的标准下排名较低,而且他也没有胡须;但仍有一些刻有毛发茂盛的亨利五世的硬币在流通,而且,如果你运气好,能得到满面虬髯的爱德华七世或二世。

我知道这些硬币可以买来像冰激凌蛋卷这样的商品,但我当时不认为它们比我的小伙伴们使用的其他货币单位更好：香烟盒飞机卡、牛奶瓶盖、漫画书，以及各种各样的玻璃弹珠。在每一个类别当中，原则是相同的：稀有和美丽增加价值。兑换率是孩子们自己定的，虽然会产生大量的争论。

当我找到工作时，一切都改变了。这份工作的报酬是 25 美分 / 小时———一大笔钱！工作内容是推一个着婴儿在雪中玩耍。只要我把婴儿带回家，活着而且没有被冻僵，我就能拿到 25 美分。就是在我生命中的这一刻，每一分钱变得和其他任何一分钱有同样的价值，不管谁的头像刻在上面。这教给我重要的一课：在高等金融中，审美的考量很快就会半途而废，这真不幸。

因为我赚了这么多的钱，我被告知我需要一个银行账号，于是我从立顿锡茶盒毕业了，并得到一本红色的银行存折。现在，刻着头像的硬币与玻璃弹珠、牛奶瓶盖、漫画书以及飞机卡的区别开始清晰起来，因为你不能把玻璃弹珠存到银行里去。但是你被催促着把你的钱存入银行，来保证其安全。当我累积到危险的数量——比如，1 美元——时，我就把它存到银行，在那里钱的总数被一位令人胆怯的出纳员用钢笔和墨水记录下来。一系列数字的最后一项被称为"平衡"——不是一个我理解的术语,因为我没有看到一个两条臂膀的天平。

每隔一段时间,我的红色存折上会多出一笔额外的钱——一笔我从未存过的钱。我被告知,这就是"利息",我把钱存在银行就可以赚取利息。我当时也没搞明白这一点。对我而言,有些额外的钱是有趣的——这一定是为什么它被称为"利息(有趣)",但是我知道我实际上并没有挣来这些钱:银行里没有婴儿让我带到雪地里推着玩。那么这些神秘的钱是哪里来的呢?当然来自那个生产五分镍币的地方,牙仙留下镍币来交换你掉落的牙:那是一个不确定在什么地方的有着虔诚的发明的王国,但是我们都必须假装相信,否则乳牙换镍币的计谋就不再有效了。

然而,在枕头下的镍币足够真实。银行利息也是如此,因为你可以将它兑换成硬币,然后再换成糖果和冰激凌蛋筒。但是虚幻之物怎么可能产生真实之物?从《彼得·潘》这样的童话故事中我知道,如果你不再相信仙女,她们就会死;如果我不再相信银行,它们也会破产吗?成年人认为,仙女是虚幻的,而银行是真实的。但那是真的吗？

　　这就让我对财务开始感到困惑，而这种困惑仍未结束。

　　过去的半个世纪里，我在公共交通上花了很多时间。我经常看广告。在 20 世纪 50 年代，有很多腰带和文胸的广告，还有除臭剂和漱口水的广告。今天这些都消失了，取而代之的是治病的广告——心脏病、关节炎、糖尿病，等等；还有帮助你戒烟的广告；电视连续剧广告上面总有一位或两位女神般的女人，尽管这有时候也可能是染发剂或护肤品的广告；戒疗所的广告，如果你有赌博问题就可以打电话给他们的那种。还有债务服务的广告——这样的广告种类繁多。

　　其中有一则广告画有一位愉快微笑的女人和一名幼童，广告语是"现在由我来负责……再也没有讨债电话了"；另一则说"拼命赚钱难买幸福——不妨尝试债务管理"；"有债务才有生活！"第三则广告发出一语双关的啾啾声。"可能就此过上幸福生活！"第四则广告发出颤音，迎合与童话故事相同的信念，鼓励你将账单塞在地毯下面，然后使你相信这些账单已经

付过了。"有人踩到你的尾巴了吗?"第五则广告从
公共汽车尾部问道,相比而言,不太吉利。这些服务
承诺,不是让你的沉重债务如烟雾般飘散,而是帮你
巩固它们,然后一点点地还,同时让你从一开始就学
习避免那些让你深陷赤字的自由消费行为。

为什么这类广告这么多?是因为有空前数量的人
负债吗?很有可能。

20世纪50年代,是腰带和除臭剂的时代,广告
从业者显然感觉,可以想象的最让人焦虑的事物,是
让你的身体无拘无束地闲逛,此外,就是熏臭某个地
方。身体可能离开你,所以身体必须处于控制之下;
否则,身体就会做出深深令你羞耻之事。而且,性不
能在交通工具上谈及。现在情况大不一样了。性行为
成为娱乐的一部分,并因此不再是受责难和罪恶之事,
从而身体不再是焦虑的主要焦点,除非它染上某种那
些被广为宣传的疾病。相反,令人担忧的是你分类账
目中的借方项目。

这是有充分理由的。第一张信用卡于1950年面世。
1955年,加拿大家庭户的平均债务–收入比是55%;
2003年,是105.2%。此后比率还在升高。在美国,

2004 年这一比率为 114%。换句话说，许多人的花费超过他们的收入，许多国家的政府也是如此。

在微观经济层面，一位朋友告诉我借债在 18 岁以上的人群中极为盛行，特别是在大学生中间。信用卡公司瞄准他们，而学生们冲出去不计后果地不停花钱，然后债务缠身，这些债务利息很高，他们也还不起。因为神经学家现在告诉我们，青少年的大脑与成年人的大脑有很大不同，青少年并不能真正地计算长周期的"现在买，将来付"的数学，这应该被视为是压榨孩童。

另一方面，金融世界最近因一个所谓的"次级房贷"（sub-prime mortgages）的债务金字塔的崩溃而动摇——这一金字塔骗局不为大多数人所理解，但这应归结到这一事实，一些大型金融机构将房贷兜售给那些不可能支付得起月费的人，然后将这种万金油债务（snake-oil debt）封装，贴上令人印象深刻的标签，售卖给那些认为它们有价值的机构和对冲基金。这就像是青少年信用卡策略，不过量级要大很多。

我的一位来自美国的朋友写道："我曾经拥有三家银行和一家房贷公司。第一家银行收购了另外两家，现在正努力收购这家破产的房贷公司，直到今天上午才发现，上一家银行也处境不妙。现在他们正试图与房贷公司重新进行谈判。问题一：如果你的公司濒临破产，为什么你还想要购买一家破产的消息即将登上头条新闻的公司？问题二：如果所有的贷方破产，债务人还会不会破产？你无法想象喜爱信用的美国人的懊恼。我想整个中西部的社区就像我家乡的社区一样，人去楼空、荒草齐膝、藤蔓绕梁，没人愿意承认他们实际上是业主。接下去，我们将收获我们所播种的东西。"

尽管它有漂亮的圣经金句戒指，但是我们仍然挠着头，不明所以。这是为什么？怎么到了这个地步？我常常听到的答案——"贪婪"——也许是足够准确的，但它并没有揭示出这个过程中更深层次的奥秘。这种导致我们如此痛苦的"债务"到底是什么？就像空气就在我们周围一样，如果不是供应出了问题，我们从不考虑它。当然我们觉得它对于我们的集体浮力是不可或缺的。在美好的时光里，我们漂浮其上，就像漂浮在一个氢气球上：我们越升越高，气球越来越大，直到，"噗"——某位扫兴的人用针戳进气球，我们就沉下去了。但是这根针的性质是什么？我的另一位朋友曾经认为飞机能在天空飞仅仅是因为人们相信——反理性地——他们可以飞行：如果没有这种集体错觉支撑他们，他们就会立刻坠落到地面。"债务"与之类似吗？

换句话说，也许债务存在，是因为我们想象它。我想探索的是，这一想象所采取的形式，以及它们对现实生活的影响。

我们目前对债务的态度，深深植根于我们的整个文化——文化存在，正如灵长类动物学家弗朗斯·德·瓦尔（Frans de Waal）所说，"一个极其强大的调节器，影响我们所做的一切，并渗透到人类生存的核心"。但也许有一些更为基础的模式被修订了。

让我们假设人类所做的一切事——无论是好的、坏的，还是丑的——都可以置于行为大杂烩上，并贴上"智人类"的标签。这些事不能置于标有"蜘蛛类"的大杂烩上，这就是为什么我们不花很多时间在吃绿头苍蝇上；也不能置于标有"狗类"的大杂烩上，这就是为什么我们不到处用我们的腺体气味标记消防栓，也不把鼻子伸进装着垃圾的袋子里。我们人类的行为大杂烩中，有实际的食物，因为就像所有物种，我们受食欲和饥饿驱动。桌子上其他菜肴所包含的恐惧和欲望——比如"我想飞"、"我想和你性交"、"战争使得部落团结"、"我怕蛇"和"我死后会发生什么事？"——则没有那么具体了。

　　但是没有任何具体的事物不是建立在我们人类的基本模式之上或与之相关的，这一基本模式包含：我们想要的、我们不想要的、我们渴慕的、我们鄙视的、我们钟爱的，以及我们憎恶和害怕的。一些遗传学家甚至谈到我们的"模块"，就好像我们是一个电子系统一样，有着可以开启或关闭的功能电路板块。这种分立的模块是否真的存在于我们的基因决定的神经线路中，目前仍然是一个需要试验和辩论的问题。但无论如何，我认为可识别的行为模式越老——它确实伴随我们的时间越长——它与我们的人性整合得越好，它的文化变异的证据也就越多。

　　我不是要在这里提出一个一成不变的"人性"——表观遗传学家指出，基因可以被表达出来，或者"被转录"，也可以以多种方式被抑制，这取决于它们在什么样的环境中发现自己。我只是说，没有基因相关的结构——某种建筑砌块或基石，如果你愿意这样说——我们在我们周围看到的基本人类行为的许多变化将永远不会发生。在一款名为《无尽的任务》（*Everquest*）的网络游戏中，你必须靠买卖和交易，与玩家伙伴合作完成团队任务，以及对其他城堡发动突袭一步步升级，从剥兔皮的一路爬升到拥有城堡的骑士，如果我们不同时是社会物种且能意识到层级体系，这将是无法想象的。

在环绕我们周围的方方面面的债务的精致浮雕下，相应的古老内在基石是什么？为什么我们如此乐于接受目前的好处，以换取未来繁重的还款？仅仅是因为我们被设定好去抢夺低处悬挂的果子，然后狼吞虎咽地能吃多少就吃多少，而不去提前考虑那些可能摆在我们面前的无果可吃的日子？嗯，部分如此：如果 72 小时不补充液体或 2 个星期不进食，你很可能就死了，所以如果你现在不吃一些挂在低处的果子，6 个月后你就不会活着为你自己的自制能力和延迟满足的能力感到高兴了。在这方面，信用卡几乎可以保证贷款人能够赚到钱，因为"现在就抓住它"可能是狩猎-采集时期行为选择的一个变种，远在任何人想到为他们的退休而储蓄之前。一鸟在手胜过双鸟在林，而一只塞到嘴里的鸟则值更多。但这只是一个短期收益伴随长期痛苦的情况吗？债务真的是我们的贪婪造成的，或者——更体谅地说——是我们的需要造成的吗？

我假设还有另外一个古老的内在基石，没有它债务和信贷结构就不会存在：我们的公平感。从最好的角度来看，这是一个令人钦佩的人类特征。如果我们没有公平感——其光明的一面是"善有善报"——我们不会承认偿还我们所借的东西是公平的，因此没有人会蠢到把任何东西借给任何人以期待得到回报。蜘蛛不与其他成年蜘蛛分享矢车菊：只有社会动物沉迷于共享。公平感阴暗的一面是不公平感，这一面导致了当你处事不公却逃离惩罚时，你或心存侥幸，或有负罪感；当你遭到不公平对待时，你则满腔愤怒，心怀怨恨。

孩子们在 4 岁左右开始说，"这不公平！"，远在他们对复杂的投资工具感兴趣或他们意识到硬币和钞票的价值之前。当睡前故事中的恶棍得到毫不含糊的应有惩罚时，他们就心满意足，而当恶棍没有受到应有的惩罚时，他们就感到不安。宽恕和仁慈，就像橄榄和凤尾鱼，好像迟些才能获得，或者——如果文化不利于他们——不能获得。但是对年幼的孩子来说，把一个坏人放进一个钉满钉子的桶里，然后把他或她滚进大海里，就可以恢复宇宙的平衡，从视野中移除那些邪恶的力量，而小家伙们晚上可以睡得更安稳了。

对公平的兴趣随着年龄增长而变得复杂。7岁以后，存在一个法理阶段，在这一阶段，由成年人推行的任何规则的公平——或者，通常是不公平——都被孩子们激烈地争辩。在这个年龄，公平感也可能以奇怪的形式呈现。例如，20世纪80年代，9岁的孩子间的一个奇怪的仪式是这样的：坐车时，你盯着窗外看，直到你发现一辆大众甲壳虫（Volkswagen Beetle）。然后你打你同伴的手臂，高喊："打甲虫，不能打回来！"（Punch-buggy, no punch-backs!）率先看见大众甲壳虫意味着你有打其他孩子的权利，并加上一个条款——"不能打回来！"，意味着他或她没有权利反过来打你。但是，如果另一个孩子在你喊出你的保护咒之前，成功地喊了"打回去！"，那么报复性的击打就开始了。钱在这里不管用：你不能花钱买不挨打。争论的焦点是互惠原则：打人者打该挨打的，而且一定会打得到，除非以闪电的速度插入一个终止条款。

个体发育重复系统发育，我们被告知：个体的成长反映了物种发展的历史。那些没能在"打甲虫"仪式中分辨出差不多有 4000 年历史的《汉穆拉比法典》中的基本的同态复仇法（Lex talionis）形式——圣经中用"以眼还眼以牙还牙"的形式再现——的人真是瞎了。同态复仇法大体上的意思是："施以同类或适宜的报复。"在打甲虫规则下，击打相互抵消，除非你能率先挥动你的魔法保护咒。这类保护可以在世界各地的合同和法律文件中找到，此类条款以"尽管有上述情况"这样的短语开头。

我们都希望享有免费的潘趣酒（punch），或者免费的午餐，或者免费的任何东西。我们都怀疑，除非我们能以一种严肃的态度投入其中，否则我们得到这样的权利的可能性微乎其微。但是我们怎么知道一拳可能会招致另外一拳？这是早期的社会化——当你在幼儿园为了培乐多彩泥（Play-Doh）争吵并说"梅兰妮咬我"时所获得的那种——还是一个植入人类大脑里的模板？

　　让我们检视下后者的情况。为了使得如"债务"这样的心理建构存在——你欠我的一旦你将其转交给我，就可以结清账目。——这里有一些先决条件。其中之一就如我已经说过的，公平的概念。附加其上的是等效值的概念：为了使得双方的心理评分表或计分表或我们一直在运行的复式记账程序加起来等于同一件事，我们需要做些什么？如果约翰尼有三个苹果，苏西有一支铅笔，一个苹果换一支铅笔是可以接受的吗，还是会剩下一个苹果或一支铅笔待付款？这都取决于约翰尼和苏西赋予他们各自的交易物品什么价值。这反过来又取决于他们有多饿或者有多需要交流工具。在公平贸易中，每一方都平衡于另一方，并且没有任何东西被认为是未付的。

　　就连无机质也在努力平衡，也就是所谓的静止状态。当还是个孩子的时候，你可能做过这样的基础实验，将渗透膜的一侧放上盐水，另一侧放上淡水，然后测量需要多长时间，氯化钠进入水中，使得两边一样咸。或者，作为一个成年人，你可能仅仅注意到，如果你把自己冰凉的脚放在你伙伴温暖的腿上，你的脚会变暖，而你伙伴的腿会变冷。（如果你在家尝试，请别说是我告诉你的。）

许多动物可以分辨出"较大的"和"较小的"。狩猎动物必须能够做到这一点，因为咬下比它们能够咀嚼的更大的一块非常可能是致命的。太平洋沿岸的鹰可能会被对于他们来说太重的鲑鱼拖走而葬身大海，因为一旦扑下去，除非在坚硬的表面上，它们不能将爪子与猎物脱钩。如果你曾经带小孩子去动物园看大型猫科动物，你可能注意到中型猫科动物例如猎豹不太会注意你，但会贪婪地将目光投射向孩子，因为孩子对他们而言正好是餐量大小，而你不是。

估算天敌或猎物的大小的能力是动物王国的共同特征，但在灵长类动物中，对更大或更好做出精细区分，是在可食用的美味的边界扩展到令人不安的程度的条件之下的。2003 年，《自然》杂志发表了埃默里大学耶基斯国家灵长类动物中心的弗朗斯·德·瓦尔及人类学家的实验成果。首先，他们教猴子用鹅卵石买黄瓜片。然后他们给其中一只猴子一粒葡萄——猴子们认为葡萄更有价值——用同样的鹅卵石交换。"你可以连续做 25 次，而且他们非常高兴能得到黄瓜片。"德·瓦尔说。但如果用一粒葡萄来取代——因此，对于同样价值的工作，给一只猴子更好的报酬是不公平的——接受黄瓜的猴子们就会不高兴，开始从笼子里往外扔石头，最终拒绝合作。而且如果一只猴子毫无理由地被给予一粒葡萄，大多数猴子都会生气，其中一部分会停止进食。这是猴子的警戒线：它们也许也会举着牌子，上面写着：管理葡萄分配不均！交易是被教导的，鹅卵石／黄瓜的兑换率也是，但是愤怒似乎是自发的。

耶鲁大学管理学院的研究员基思·陈（Keith Chen），也曾研究过僧帽猴。他发现他可以训练它们使用类似货币的金属片作为货币，金属片和鹅卵石的作用一样，只不过更有光泽。"我的潜在目标是确定我们经济行为的哪些方面是天生的，深植于我们大脑中的，并且历经时日仍可保留。"基思·陈说。但是为什么要止步于像交易这样明显的经济行为上呢？社会性动物为了达到共同目标需要合作，例如，对僧帽猴来说，杀死并吃掉松鼠；对黑猩猩而言，杀死并吃掉丛林婴孩。必须有一个被共享者公认公平的集体努力的共享结果。公平与平等有所区别：例如，一个90

磅重、10 岁大的孩子的餐盘里和一个 200 磅重、2 米高的人的餐盘里盛着等量的食物，这公平吗？在狩猎的黑猩猩中，在个性或体质上最强壮的黑猩猩通常能得到更多，但是所有参与狩猎的黑猩猩都能或多或少得到一些，成吉思汗在进行其征服、屠戮、抢掠的过程中，在其盟友和军队中实行的基本就是相同的原则。那些对赢得选举的政党的政治分肥和偏袒表示惊讶的人，应该牢记：如果你不去分享，那些人不会在你需要他们的时候出现。至少，你必须给他们一些黄瓜片，并且避免给他们的对手葡萄。

　　如果缺乏公平，黑猩猩群的成员就会反抗；至少，他们不愿意参加下次的集体狩猎。从某种程度上说，灵长类动物是一种社会性动物，它们在复杂的群体中相互作用，在这个群体中地位很重要，灵长类动物既能高度意识到每个成员适合什么，另一方面也对什么构成气势汹汹的反跳高度警觉。简·奥斯汀的小说《傲慢与偏见》中的凯瑟琳·德波夫人（Lady Catherine de Bourgh）谄上欺下的等级观念及其精密校准的门第观念，在僧帽猴和黑猩猩社群中是不存在的。

　　黑猩猩之间的交易不限于食物。它们经常进行互惠互利或互惠利他的交易。黑猩猩 A 帮助黑猩猩 B 与黑猩猩 C 建立联系，并期待被报以帮助。如果黑猩猩 B 之后在黑猩猩 A 需要的时候不过来帮忙，黑猩猩 A 就会被激怒，尖叫着发脾气。似乎有一种内部分类账：黑猩猩 A 完全明白黑猩猩 B 欠它什么，而黑猩猩 B 也明白。看来，黑猩猩之间存在着人情债。在弗朗西斯·福特·科波拉的电影《教父》中，相同的机制在起作用：一个女儿被毁容的男人来找黑帮老大寻求帮助，他得到了帮助，但他知道这次帮忙需要在将来用一种不道德的方式偿还。

正如罗伯特·怀特（Robert Wright）在他 1995 年的著作《道德动物：为什么我们是这样》（*The Moral Animal: Why We Are the Way We Are*）中所说："互惠利他主义可能不仅仅塑造了人类的情感结构，还塑造了人类的认知结构。勒达·考斯米德（Leda Cosmides）展示，当难题以社会交换的形式出现时，人类善于解决莫名其妙的逻辑难题——特别是，当游戏的目标是找出是否有人在作弊。对考斯米德而言，这表明在调节互惠利他的心理机关之中，存在一个'骗子侦探'模块。毫无疑问还有其他模块亟待发现。"我们的确希望我们的交易和交换能够公平和公开，至少交易的另一方能够如此。"欺骗检测模块"假定一个平行模块，一个可以评估非欺骗的模块。小孩子常常在校园里唱："骗子永远不会成功！"这是真实的——我们对骗子评判苛刻，影响了他们将来的成功——但同样真实的是，唉，骗子只有被抓住后才会受到我们这样的评判。

在《道德动物》中，怀特报告了一个计算机模拟程序，这个程序在 20 世纪 70 年代赢得了美国政治学家罗伯特·阿克塞尔罗德（Robert Axelrod）举办的一次竞赛。这次竞赛的目的是测试在一系列的与其他程序的接触中，哪一种行为模式能够生存最长时间，从而被证明是最适宜的。当一个程序第一次"遇到"另一个程序，它必须决定是否合作、是否进行侵略或欺骗的反应，是否拒绝玩下去。"竞争的背景，"怀特说，"很好地反映了人类的社会环境，和前人类的进化。有一个相当小的社会——几十个规则互动的个体。每一个程序能够'记住'在之前遭遇其他程序时，对方是否合作过，并相应地调整它自己的行为。"

比赛的获胜者叫作"一报还一报"（tit for tat）——这一表达源于"Tip for Tap"，两个词都曾有击打、推挤，或殴打的意思，因此，它的意思是"你打我我就打你"。计算机程序"一报还一报"由一组非常简单的规则组成："在第一次遇到任何程序时，它都会合作。此后，它会执行其他程序在前一次相遇时所做的选择。善有善报，恶有恶报。"随着时间的推移，这一程序胜出，其原因是它从不重复责怪对手——如果一个对手欺骗它，它下次仍保持合作。而且，不像一贯的欺骗者和剥削者，它没有疏远许多对手，然后发现自己无法继续，它也没有不断升级侵略性行为。它以一种公认的以眼还眼的规则行事：别人怎样对你，你就怎样对别人。(这与"黄金法则"——你期待别人怎样对待你，你就怎样对待别人——不一样，遵循那条法则要困难得多。)

　　在一报还一报策略胜出的电脑程序中，给定的条件是每位玩家可以处置的资源是相同的。友善地处理第一次接触，并在接下来的接触中给予同样的回应——以善报善以恶报恶——只有在竞技场公平的情况下才能成为胜出的策略。任何一个参赛的计算机程序都不允许拥有优势的武器系统：如果一方的参赛者被允许拥有例如战车、成吉思汗的双反曲弓，或者原子弹这样的优势武器，一报还一报的策略就失败了，因为拥有技术优势的玩家可以消灭他的对手、奴役他

们，或者强迫他们在不利的情况下进行交易。这正是
在我们漫长的历史长河中所发生的：赢得战争的人制
定法律，而他们所制定的法律通过调整，为其处于社
会顶层的等级制度辩护，以保护不平等。

　　我在孩提时代遭遇了"亲切但严厉"的一报还一
报模式，不过是在文学的伪装之下。在查尔斯·金斯利
（Charles Kingsley）著于 1863 年的名为《水孩子》（*The
Water Babies*）的童书中，汤姆——一个贫穷无知、饱
受剥削虐待的烟囱清扫童工——溺于河中，发现自己像
蝾螈一样长了腮，可以在河里游来游去。然后，在经历
了一系列死后的冒险之后，他在磨难和错误中学习，成
长为金斯利版本的理想的维多利亚时代的男性基督徒。
他主要的导师是两位强大的超自然的女性人物——美
丽的、喜爱拥抱孩子的以善待善（Doasyouwouldbedone-
by）太太，她是行动的黄金法则，还有丑陋、严厉、喜
爱惩罚的但公平的以恶惩恶（Bedonebyasyoudid）太
太，偿还的正经体现。维多利亚时代的读者可能认为她
们是仁爱和正义，甚至是一位华兹华斯式的自然母亲
（Wordsworthian Mother Nature）——她从不背叛爱她的

心——以及一位严酷的、赶尽杀绝的、糅合了拉马克式和达尔文式的自然母亲（Darwinian Mother Nature with a Lamarckian twist）——你做了什么事，就成了什么人。（金斯利是达尔文的朋友，《水孩子》在《物种起源》出现仅四年后即出版，前者是回应后者的第一批文学之一。《水孩子》甚至可以算作智能设计领域的第一批勇敢的作品之一：如果伊甸园和诺亚的洪水这样的叙事必须被抛弃，至少你可以借助以恶惩恶太太来理解自然和人类秩序。）

当前的情况下，以善待善太太可以被看作一报还一报的第一次、合作的行动，拿着桦木棍儿的以恶惩恶太太则是当接下来你做坏事时就会出现的。例如，汤姆淘了气——他把石子放进海葵的嘴里来捉弄它们——所以当其他的水孩子从以恶惩恶太太那里得到糖果的时候，汤姆却得到了石子。

在书的结尾，两位女人被发现是同一人，一个恰巧与乔治·麦克唐纳（George MacDonald）[3]的《科迪》系列著作中年轻又老迈，友善又可怕的寓言式女

3　乔治·麦克唐纳（1824—1905）为苏格兰作家，一生中创作了 30 多部小说，被誉为"维多利亚时代童话之王"。其作品多以苏格兰生活为题材。

性克里斯汀·格瑞斯（Christian Grace）非常相似的人：维多利亚时代的人的确喜欢超自然女性。这位双面女士引出了几个问题。我真的很想知道为什么她的两个化身都结婚了——也许是因为她们与孩子的关系过于密切，如果是单身女孩就不容易受到尊敬。以善待善先生和以恶惩恶先生又去哪儿了呢？去酒吧逃避成群的婴孩、甜腻的咕咕声，还有讨厌的桦木棍儿处罚——非常有可能。我相信他们的两位或一位妻子，至少有一位她或她们自己的后代，否则就不会有帕梅拉·林登·特拉弗斯（P. L. Travers）书中的玛丽·波平斯（Mary Poppins）[4]——她身上的善恶双胞胎血统真是太明显了。但这些问题注定永远不会有答案了。

反而，我想问的是，为什么金斯利的仁爱和正义的形象是女性？

实际上，金斯利的双重面貌的女性正义提供者拥

4　帕梅拉·林登·特拉弗斯 (1899—1996) 原名海伦·林登·戈夫，来自澳大利亚的英国作家，以 20 世纪 30 年代到 80 年代撰写的一系列《玛丽·波平斯》小说闻名，玛丽·波平斯为其中女主角，是一位来到人间帮助小朋友重拾欢乐的仙女保姆。小说其后于 1964 年被改编成为迪士尼音乐剧电影《欢乐满人间》。

有遥远的祖先。我想来一次"星际迷航"般的超光速时空之旅，回溯，回溯，回到数千年之前，回到中东。我追踪的是一幅画像和一个星座。这个星座是天秤座（Libra），天秤或天平，作为一个现代的黄道星座，它支配9月23日到10月22日。对它名字的一个解释是，它于秋分日升起，那天白天和夜晚一样长，是用来衡量平衡的装置，天平。一个更加可以的解释是它在收获季节出现，那时农民正在称量他们的农产品以供销售。

但更可能它有另一个起源。在阿卡得语（Akkadian）——生活在其他人中间的亚述人（Assyrians）使用的一种古闪米特（Semitic）语言——中，这个星座被称为 *zibanitu*，意为"蝎子的爪子"，因为它在蝎子座之前升起，并被认为是蝎子座的前部。但是 *zibanitu* 可能还有称重天秤的意思——倒举着的蝎子在形状上与这一装置的古老形式相似。这一星座现在仅以天秤座为人所知，Libra 是一个拉丁词汇，意思是"天平"。它通常被画成——猜猜看——一架天平，由悬挂在中心臂或链条上的横木组成，横木两端各挂一个托盘。它是黄道星座符号中唯一不是动物或人的形象的，尽

管它经常由一位年轻女人持有，这个女人通常被认定
为艾斯翠亚（Astraea）。她是宙斯和忒弥斯（Themis）
的女儿。忒弥斯和艾斯翠亚都是正义女神，艾斯翠亚
又以代表处女座为人所知，意为处女。因此，在处女
座-天秤座这一排列中，我们看到一位年轻的女人，手
握一只双臂天平，代表正义。

从忒弥斯和艾斯翠亚到以恶惩恶太太好像是延续
的，但是还有其他几代。时空再次跳转，我们发现自
己回到了古埃及，这次我们是来寻找作为称重装置的
天平。天秤或天平是以神话为基础出现在绘画艺术中
的第一批铰接装置之一。在坟墓中发现的"棺椁文"
中有许多天秤的图形——"棺椁文"是写在棺材上或
莎草纸卷上的符文或咒语，目的是帮助灵魂在死后穿
越埃及的阴间。

灵魂旅途的第一站是玛蒂殿（the Halls of
Ma'ati），在那里会用一个双臂的天平称量死人的心
脏。这种秤在古埃及用来称重黄金和珠宝。玛蒂的意
思是一双玛特（Ma'at）——双不是邪恶孪生意义上
的"双"，而是两倍意义上的，双倍力量。至于玛特，
她是一位女神，有时被描绘为两个女神，或一对双胞

胎——双胞胎少女，肩上长有翅膀，头上饰以鸵鸟羽毛，她是主持称重心脏的诸神之一；还有豺头人身的阿努比斯（Anubis），他负责实施称重；朱鹮头人身的透特（Thoth），他是月亮之神，因而在一个使用月亮历的社会也是时间之神，透特还是测量、数字、天文和工程技术之神，此外他是超自然的抄写员和书记员，在心脏称重场景中，通常他的蜡片准备妥当，他的笔则蓄势待发，就像真实生活中一个抄写员在称重黄金的现场，记录结果的样子。

有时候一个微型的玛特出现在天平的一个托盘上，但更常出现的是她的羽毛——玛特的羽毛——被用来称量心脏的重量。如果你的心脏和玛特一样重，你就可以继续下一阶段，与化身为冥界之神的奥西里斯见面并与之联合，将会有一个合适的冥界的位置分配给你，并有可能重生。[令人安慰的是，埃及的内棺被称为"生育者"（that which begets），而棺材板被称为"蛋"——所以你可能像一只鸟一样，从死亡中孵化出来。]

然而，如果你的心脏比羽毛重，它将被抛到一个长着鳄鱼脑袋的令人不快的神面前，并被后者吃掉。

正如大多数神话和宗教，对这一可怕的审判，有其他的解决办法：那你可以用特殊的秘密提前强化你的心，使它不告发你。想必你的心愿意合作，因为如果你的心为你的肮脏行为保守秘密，对双方都有好处：被一只鳄鱼吃掉不符合你们任何一个的最大利益。另一方面，你不忠的心可能会告发你。这种不确定性一定让有关死后心脏称量的戏剧在古代埃及人中成为引人入胜的主题。

有趣的是，即便在这么久之前，心脏就像道林·格雷的邪恶画像 5 一般，被认为是吸收你的好行为或坏行为的影响的器官。记住你道德优缺点的真的不是心脏，而是大脑。但是我们对此难以置信。没人会送给他的情人一张大脑上插着一支箭的照片；恋爱失败时，我们也不会说，"他伤了我的大脑"。这也许是因为，尽管大脑处于控制塔中，我们却感到是心在回应我们的情感——就像在《安静，我跳动的心》（*Be still my beating heart*）中一样（不是大脑）。

5　典出于奥斯卡·王尔德创作的长篇小说《道林·格雷的画像》，其中画家霍尔沃德为主人公道林·格雷所做的画像，可以吸收所有岁月的沧桑和他自己的罪恶。

　　为什么是由玛特来称心脏的重量？玛特是一位女神，但是她不是一位有特定功能或领域——例如写作、繁殖或者畜牧——的女神：她比这要重要得多。玛特这个词意味着真理、正义、平衡，自然与宇宙的法则，庄严的时间进程——日、月、季、年。它还意味着个人对他人合适的行为、正确的社会秩序、生者与死者关系、真理、正义，还有行为的道德准则、事物理所当然的状态——所有这些概念都被席卷进这一简短的词语当中。与其相反的是生理紊乱、自私自利、撒谎和邪恶的行为——任何对神所命定的模式的搅扰。

　　这一概念——在宇宙中存在一个基本的平衡原则，我们据此行动——好像几乎是普遍存在的。在中国文化中，它是道；在印度文化中，它是业力正义的轮回。如果不是在此世界，便是在彼世界，不是在现在，便是在未来，一报还一报的宇宙性互易性定律保证善有善报、恶有恶报。

　　即便在萨满教的狩猎采集社会，都存在一个正确的方式，如果不遵循它，自然世界的平衡就会被颠覆并导致饥荒：如果你不尊重你杀死的动物，没有对它们献出自己为食物表示感恩之情反而滥杀无休，或者你没有按照习俗所要求的公平地分享你猎杀的动物，动物女神就会阻止你再次猎获它们。

动物和狩猎的守护者显然是女性。古希腊人崇拜手持银弓的阿尔忒弥斯（Artemis）为主宰动物的女神；还有许多与动物有关的凯尔特女神；在加拿大北部的因纽特人（Inuit）中，纽赖纽忒（Nulialiut）是生活在海底的长有羽毛的女神，她按照人们行为高尚与否决定是否赐予他们海豹、鲸鱼和海象。在新石器时代早期，婴儿被认为是由女人单独繁衍的，所以野生动物的繁衍也受一位女性神祇控制是有道理的。她不是娴静少女式的女孩：她可能是凶悍的，发怒时则是残忍的。

不过，当开始记录并阐述他们的神话时，古埃及人已经是农学家了：他们所依赖的不再是野生动物，而是驯化的畜群和农作物。所以尽管他们有许多有着兽头的神，这些动物却大多数不是被猎杀的野兽，而是驯养的动物，例如牛。一个例外是狮头女神塞赫美特（Sekhmet）——她名字的意识是"她乃大有权能者"——她管辖的事物名乍看起来令人迷惑：一方面包括战争和灾难、瘟疫还有疾风暴雨，另一方面则

包括医生、医疗，以及提供保护以防恶者。一旦我们
知道塞赫美特也是玛特的守护者，这一双刃名单就合
乎情理了。因此她的破坏行为是对错误进行报复，并
恢复事物的正确平衡。她在行动上一报还一报——不
像玛特，玛特不采取行动，而为被衡量之物提供标准。

　　塞赫美特和玛特一样，是太阳神拉（Ra）的女儿，
拉是通过命名创造世界的赐生命者。塞赫美特也被称
为"拉的燃烧之眼"，她是可以看见不公然后灼烧它
的女神。（这一概念在《旧约圣经》中也存在——上帝
的全视之眼通常聚焦于坏行为，而不是好行为。）但
是塞赫美特好像仅限于在此世活动，而玛特则无处不
在。玛特是必不可少的（sine qua non），没有她任何
其他事物都不能存在。所以，在你的死后审判中，你
的心是在被宇宙秩序的总和来衡量的。

　　我们通常被灌输以这样的理解，即我们继承了希
腊人、罗马人和以色列的哲学，而不是古埃及人的，
但实际上对我们而言，神圣正义的希腊传统在某种程
度上比埃及传统更加令人迷惑和陌生。讲希腊语的人
有好几位正义女神，第一位是忒弥斯，意为"秩序"，
她代表的观念与玛特所代表的有所类似。她是泰坦族

女神——统治其他离地球比较近的诸神的古老神族中的一员。泰坦被宙斯和奥林匹亚神族（Olympians）推翻，但忒弥斯经受住了这一转变，她在奥林匹斯山上得到一个席位。她是绝对可靠的女先知，这种权能来自她看透宇宙规律的能力。据说她和宙斯有一个女儿，名叫"狄刻"（Diké），或"正义"——不是埃及的正确的平衡式的正义，而是惩罚性的正义。狄刻很具攻击性，这点可以从她用大棒击打人的花瓶绘画中看到。

另一类正义的代表是女神涅墨西斯（Nemesis）。她经常被认为是复仇女神，但她的名字大致意思是"权利的分配者"，所以事实上她是一个平均并平衡好运气和坏运气的分配的女神。她的装饰品有运气之轮、一把剑，还有一条树枝做成的鞭子——就像以恶惩恶太太的桦木棍儿。第三个正义女神是艾斯翠亚，忒弥斯的另一个女儿。她的正义更接近于玛特式的——关乎真理、正确的行为以及事物本当运行的方式的正义；但因为人类太邪恶，她不能再留在地球上，所以她称为处女座——我们已经提到过的持有天上的天平的女孩。

宗教的规则好像是：从在你之前存在的宗教当中

汲取所需之物，将这些融合进你自己的宗教，然后将
剩余的抛弃或妖魔化。罗马的正义女神被称为艾斯提
提亚（Iustitia），她既有艾斯翠亚的称重天平，又有涅
墨西斯的剑——也许曾属于美索不达米亚太阳神夏马
什（Shamesh），他既有衡量正义的天平，又有守护正
义的剑。艾斯提提亚有时也戴上眼罩，这样她就不会
受被告人的社会阶级的影响；有时她手持火炬，象征
着真理之光；有时她持有罗马束棒（Fasces）——代
表民事权威。她只有两只手，不能同时把所有这些东
西都拿在手里。所以当你在欧洲和北美洲的法庭之外
看到她的塑像时，她会在这些物件中做出选择，通常
一手持天平，一手持剑。

　　所以艾斯提提亚继承了在她之前的男神和女神的
许多特性，但她不被认为是审判死人灵魂的神。相反，
她主持法庭，不再称量心脏的重量，而是权衡她面前
的证据。然而，在罗马时期，与其说她是一位神秘的、
令人敬畏的女神，不如说她是一位寓言人物。古埃及
人相信真的有一位玛特，特别是有一位塞赫美特，而
且这些神的干预无论在今生还是在来世都可能产生巨
大的影响。但是艾斯提提亚的雕像代表这一原则：她

所代表的正义由人类依据他们自己制定的法律条文，在人类的法庭中执行。

　　关于今生的正义的讨论就到此为止，那么来世的正义呢？希腊和罗马对来世的描述，既不是很愉快，也缺少一致性，但貌似多少有些诸如灵魂审判、奖赏与惩罚在他们黑暗的阴间延续下来。但死亡远非有趣：正如在《奥德赛》（*Odyssey*）中，死去的英雄阿喀琉斯（Achilles）告诉来访的还活着的奥德修斯（Odysseus），作为最卑贱的奴隶在世上度过一天，好过做死去的国王。确实，一些人在来世受到惩罚，但是对有德行的人而言，这也不像是真正令人愉快的天堂：没有花园、竖琴或处女给他们，开满水仙花的乏味的原野大概是它最好的部分。至于是什么在世上给予人类幸运或不幸，那是命运的事，在命运面前，连诸神都站立不住。讲希腊语的古人更看重一报还一报的坏的一面——以恶报恶——但对以善报善则不那么热心：你能期待的对正确行为最好的奖赏，是被变成一棵树。

　　为了某些更加接近埃及人称重心脏，也更接近玛特的概念的东西，我们需要跃进到基督教时代。玛特这个词中所包含的观念，与希腊语单词逻各斯（logos）

所包含的观念相似。或者至少在一些用法上。逻各斯不是轮子，不是天平，也不是一种方式，而是言辞，或者说是道。它从《约翰福音》著名的开篇进入基督教——"太初有道，道与神同在，道就是神。"但是逻各斯不是一个任意的古老词汇——它是一个玛特式的词。它同时既是神，又是言辞：一个包含真理、正义，以及所有存在的道德基础的词。

　　基督教中没有这样的女神。它有一些女圣徒，她们中的许多人都被刻画成抱着自己被割下来的身体的形象，虽然她们可以帮助你找到丈夫、弹钢琴，或找回失物，她们却没有主要的权力。圣女玛利亚是最强大的一位，但是她所能做的不过是为你求情：她能起到避免毁灭性的母狮般的惩罚的作用。

　　不过，基督教虽然没有较小的神，但是有众天使。尽管他们通常有着长头发，而且没有胡子，但没有一个是明确的女性。在末日审判中，基督主持审判大局，但称重灵魂的是天使长米迦勒（Archangel Michael）。就像玛特，他有翅膀，经常带着一架天平。而且，他继承了罗马和正义之剑。就像埃及神话中心脏称重的场景，有一个记录员——天使加百列（Gabriel）是"记录天使"，来保证上帝的分类账簿的即时更新——而这些记录将在末日审判时被展开。

也许是在这之前：如果天国现在正在开庭，早年贫穷悲苦的拉撒路（Lazarus）正依着天国的护栏，看着财主戴维斯（Dives）[6] 在下面被油烹得吱吱响；这样幸福和痛苦的账就扯平了。穆斯林宗教也有末日审判的正义天平，叫米赞（mizan）——权衡你的善行和恶行——是两部而不是一部账册由天使们保存——拉奇卜（Raqeeb）保管右边的行善簿，阿提都（Ateed）保管记录左边的作恶簿。有了他们和他们手上的文件，政客们一贯的借口就不存在了："我想不起来了。"

从埃及女神玛特和塞赫美特到罗马女神艾斯提提亚，到天使长米迦勒，再到以恶惩恶太太是一段漫长的过程。但是如果人类从不创造任何东西——除非它是出现在晚期智人大杂烩上的人类行为模块的一种变异，那么这每一个神灵都是我们之前讨论的内部模块的显现：我们可以称之为"公平""平衡""互惠利他"。因为我们播什么因，就得什么果，或者我们愿意相信事如所愿；不仅如此，还要有人或物负责平衡比分。

---

6 Dives，源于拉丁文"富豪"一词。

除了基督徒和穆斯林这样的例外，我探讨过的超自然的正义形象全部是女性。这是为什么呢？对于早期的女神，例如玛特和忒弥斯，你可以说她们属于或者至少承接了近东和远东地区的伟大母亲时代（Great Mother period）。在此期间，最高神是女性神，并与大自然（Nature）融为一体。但是接继伟大母亲时代的，是长达数千年的严厉的厌女症，期间男神取代了女神，女性处于从属和低下的地位。但女性正义形象仍然存在。是什么让她们保持权力呢？

如果我们是灵长类动物学家，我们就可以指出如下事实：在黑猩猩群体中，通常是由年长的母猩猩们决定谁能当上国王：雄性首领只有在她们的支持下才能继续掌权。这一趋势在埃塞俄比亚高原地区的狮尾狒狒中甚至更为明显，它们的家庭由紧密联结的雌性狒狒、她们的后代以及她们选择的一只雄性伴侣组成，只有在雌性狒狒允许的情况下，这只雄性狒狒才可以留在家庭内部。如果我们是人类学家，我们可以指出，在像易洛魁人（Iroquois）这样的狩猎–采集群体中，女性长老在如何分割一只动物并将其分配给不同的家庭的事情上享有很大的话语权，因为她们不仅深谙其相对的社会地位，而且熟悉他们的不同需求。如果我们是弗洛伊德的信徒，我们可以谈论儿童的心灵成长：他们的第一口食物来自母亲，自然关于正义、惩罚和公平分配产品的第一课也同样如此。

　　无论什么原因，正义继续穿着女士礼服，至少在西方传统中，这可能可以解释，为什么我们加拿大最高法院的法官们对他们可爱的红色法袍和他们的假发如此依恋。

　　我想再做一次"星际迷航"式的时空跳跃，回去看一部剧，这部剧纪念了正义的执行由强大的超自然女性让渡给将长期存在的男性主导的法院制度这一历史时刻。剧名为《欧墨尼得斯》（*The Eumenides*），是《俄瑞斯忒亚》（*The Oresteia*）三部曲的第三部；作者是埃斯库罗斯（Aeschylus），地点是雅典，演出的时间是公元前458年，其在希腊历史上所处的年代，我们称之为"古典时期"。

　　该剧的题材源于早期传奇时代——迈锡尼/米诺斯（**Mycenaean / Minoan**）时，与特洛伊战争的后果

有关。在三部曲的第一部中，阿伽门农王（Agamem-
non）王从特洛伊战争归来，被其妻子克吕泰涅斯特拉
（Clytemnestra）谋杀，为了给女儿伊菲革涅亚（Iphi-
genia）报仇——阿伽门农为攻打特洛伊的战船获得有
利风向，而将女儿献祭给海神。在第二部中，即《奠
酒人》（*The Libation Bearers*）中，阿伽门农和克吕泰
涅斯特拉的儿子俄瑞斯忒斯（Orestes）结束流亡，伪
装回到家乡，受到姐姐厄勒克特拉（Electra）的欢迎，
最终俄瑞斯忒斯谋杀了自己的母亲。我们正处于一个
一报还一报的血海深仇当中，其规则被莎士比亚笔下
的麦克白夫人说得很清楚："血债血偿。"俄瑞斯忒斯
背负父亲被谋杀的血仇，杀死他的母亲抹平了血债。

　　然而，在古老的前古典习俗中，谋杀母亲是非常
罪恶的事——比克吕泰涅斯特拉谋杀阿伽门农罪恶
多了，阿伽门农并非她的血亲，更确定不是她的妈
妈。所以俄瑞斯忒斯欠下另一笔债务：厄里倪厄斯
（Erinyes）——意为"愤怒的"，罗马人称之为孚里厄
斯（Furies）——要求他偿还血债。她们比奥林匹斯
山神族还要年长，她们是宙斯和忒弥斯的女儿；她们
长相恐怖，行为野蛮，充满恶意；她们的任务是追捕

像俄瑞斯忒斯这样的杀害血亲的人或违反亲属契约的
人，把他们逼疯，最后迫使他们自杀。

在《欧墨尼得斯》中，俄瑞斯忒斯一直被她们追
逐到阿波罗神庙，阿波罗洁净了他的弑亲之罪，但是
厄里倪厄斯不接受这样的判决。然后俄瑞斯忒斯逃到
雅典，在那女神雅典娜——考虑到自己不足以胜任审
理这一牵涉到权衡杀父与弑母的复杂案件——召集了
由 12 名雅典人组成的陪审团审理此案，并将决定性的
一票留给了自己。陪审团分裂了，雅典娜投票支持了
父亲和男人，她引用如下观念作为证据，即男人独自
生儿育女，而女性只是培养他们。她将自己作为一个
典型例子，因为她是从宙斯的额头中形态完整地跳出
来的，她只有父亲。（她忘了提及关于她自己的神话
的开头部分，当初她之所以进入宙斯的头部是因为他
吃了她怀孕的母亲。）

厄里倪厄斯因雅典人的判决而恼羞成怒——三位
拥有强大力量的古代母系女神被一位男性化的年轻女
性新贵阻挠了，而她从没做过母亲，还声称自己没有
母亲。她们威胁将诅咒雅典遭受千奇百怪的灾难，但
是雅典娜通过奉承和贿赂她们，诱使她们仍做雅典的

客人。她说，她们仍然拥有权力并享受敬拜，而且她们会喜欢她们在一个黑暗洞穴中的新住所。

厄里倪厄斯得到了一个新名字：欧墨尼得斯，意思是"善良的"。剧中，她们原本是"十足可憎"、令人作呕、腥臭难闻的动物-女人形象，长着獠牙、蝙蝠翅膀和猩红滴血的眼睛，现在转变为仁慈庄重的"洞穴女神"形象——这种快速转变以现代思维来理解，就像妇女杂志中美容前和美容后的面容。于是乔装之后——大概是拔掉她们的獠牙，用小巧的帷幕遮盖她们的蝙蝠翅膀——厄里倪厄斯快乐地且歌且行，去到她们舒适的地下神殿。代表原始时代的女神已经被驱离了视野，尽管——正如雅典娜指出的——血债血偿的报复的可能性不可能完全消除，因为正义必须始终靠恐惧增强。陪审团制度和法治已经建立，并呈现出越来越开明、越来越文明的趋势。认识到他们应该用货币而不是鲜血来赔付伤害，血仇的长链——一个人的死亡导致另一个人的死亡，循环往复——终将被打破。

"我要为将来所有的世代挑选我最好的公民，"雅典娜谈及她要建立的正义法庭，"他们要发誓不做不公的判决，并阐明这一行动的真相在哪里。"《欧墨尼得斯》对光明正大和不偏不倚的颂扬是值得赞赏的。但是，古代的公平意识虽然是任何法律制度所必需的内在基石，并不意味着每一个法律制度都是公平的。古典雅典人的公平裁决和完全自由只适用于雅典公民，而且是男性公民。奴隶和女人被排除在公民身份之外，而且统治他们的法律是严苛的。

尽管如此，以及尽管千年以来妇女被排除在法庭之外，无论是作为法官，作为律师还是作为陪审员——在许多情况下，甚至作为可信的成年证人，然而，寓言中的正义形象仍然是女性。今天，她仍然屹立在我们的法庭之外，高举她的天平，承继她的一长列女性先祖。

目前为止，我不仅讨论了借贷系统之存在所必不可少的公平原则，探讨了诸如玛特、忒弥斯、艾斯翠亚、艾斯提提亚，以及查尔斯·金斯利笔下的带来惩罚和奖赏的善恶双胞胎这样的女性正义形象，还探讨了天平的历史，它们是一种通过称量另一种东西以确定公平的双臂装置。在古埃及的来世，心脏被诸如正义和真理、宇宙及自然界的正确秩序这样的概念来称

量；在基督教系统中，天使长米迦勒用行为来衡量灵
魂；回到我小时候存钱的银行，红色的借款与黑色的
贷款相抵，得出的数字称为"余额"。古埃及的天平
衡量道德的优缺点，天使长也是如此；但银行余额只
与数字有关，尽管如果赤字太多，会被认为是一件坏
事：对你有害，也意味着你道德的败坏。

　　下一章的标题是"债和罪"，在这一章里我将提
出的问题是：欠债的人道德败坏吗？实际上有罪吗？
如果是这样，有多大罪，为什么？而且，因为债务人
只是孪生关系中的一半——我还要问，难道做个债权
人也有罪吗？

第二讲　债和罪

"债务是新的肥胖"，最近有些人说。这让我想起了，不久之前，肥胖是新的吸烟，这之前，吸烟是新的酗酒，再之前是，酗酒是新的拉皮条。拉皮条则是新的债务，所以我们在兜圈子。所有这些事情的共同点是，它们都在某个时期被认为是最严重的罪过，之后的一段时间，它们则被认为即使不是完全无害，至少也够时尚。我遗漏了迷幻药，但它们在这里也适用。

　　我们似乎已经进入了一个时代，在这个时代里，债务已经过了那样无害和时尚的时期，而是恢复到有罪阶段。甚至有的债务电视节目，带着熟悉的宗教复兴光环。在那些购物狂欢活动中，你不知道你是怎么了，一切都变得模糊，一些人含泪忏悔，他们花钱过多，欠下令人绝望的债务，以至于浑身颤抖，患上失眠症，全身瘫软若果冻，然后就诉诸撒谎、欺骗、偷窃、用不同的银行账户开空头支票。由家人和爱人做见证，说他们的生活被债务人的有害行为毁掉了。电视主持人这时扮演起牧师和宗教复兴运动者的角色，发表充满同情心却严厉的劝诫。债务人有一刻看到亮光，然后忏悔并保证再也不这样做了。接下来是被迫的惩罚——剪刀在信用卡上剪了又剪（snip, snip go）——随后是严格控制开支的方案；最终，如果一切顺利，债务被还清了，罪过得到饶恕，赦免得到允许，迎来新的黎明，第二天早晨起床，你虽然更悲伤了，却是一个还清债务的人。

很久以前，人们采取了最为谨慎的措施，在一开始就避免陷入债务。有各式各样的从前——正如我所说，债务的风潮时涨时落，今天崇拜自由消费的绅士，明天就成了令人鄙视的赖账不还者。但我想到的是，我父母作为一对新婚夫妇度过的大萧条时期。我母亲有四个信封，里面装着我父亲每个月赚的钱。这些信封上标明：房租、食品、其他必需品和娱乐。娱乐意味着看电影。前三个信封优先，如果没有余下的给第四个信封，我的父母就不看电影，而代之以散步。

我的母亲保存了一本账册 50 年。我注意到在他们结婚之初——20 世纪 30 年代末至 40 年代初——他们不时欠债。这儿欠 15 块，那儿欠 15 块，或者从银行申请小额贷款——这儿贷 15 块，那儿贷 15 块。这可不是什么小数目，来想想看，那时买一个月的面包才 1 块 2，一个月的牛奶才 6 块。债务总在几周内被偿还，最迟在几个月内被偿还。偶尔会出现不寻常的项目——"书"，2块8；"奢侈食品"，4角。我好奇这奢侈食品是什么？我怀疑它们是巧克力——我的母亲曾告诉我，如果他们碰巧吃上巧克力，他们会把每一块切为两半，这样他们就可以尝到所有的味道。这叫"量入为出"（living within your means），从债务电视节目判断，这是一种消失的艺术。

　　由于这一章的标题是"债和罪"，现在我要回忆一下我第一次将这两者联系在一起的时刻。这发生在一间教会——确切地说，是在联合教会主日学校（United Church Sunday School），这是我不顾父母的恐慌，坚持要参加的，他们担心我过早地沉迷于宗教。但是我已经沉迷于宗教了，因为那时在加拿大我生活的地方有两种纳税人资助的学校系统，天主教学校和公立学校。我在公立学校上学，当时这类学校被认为意味着有新教背景，所以我们就在教室中做一定量的祷告并读《圣经》，这由英格兰和加拿大的国王和王后的肖像主持，他们戴着王冠、首饰和珠宝，从教室的后面仁慈地看着我们。

　　因为我们的课堂里有宗教的内容，我的主日学校

活动是附加的。像往常一样，我被好奇心所驱使：难
道我在主日学校里不比在普通学校里学到更多的宗教
知识吗？结果并非如此——那些《圣经》中最有趣的
部分——性、强奸、儿童献祭、断肢、屠杀、砍掉敌
人孩子的脑子收集在筐子里，以及将自己的妾肢解送
至周边地区作为参战的邀请——被刻意地回避了，虽
然我的确花了很多时间为天使、绵羊和长袍涂色，唱
赞美诗歌颂我的小蜡烛照亮我小小的黑暗角落。

毫无疑问，你会惊讶于我曾经因背诵《圣经》经
文而获奖，但事实确实如此。在我们背诵的主祷文中，
有这样的一句话："免我们的债（debts），如同我们免
了别人的债。"可是，我的哥哥在一个圣公会（Anglican）
唱诗班唱诗，圣公会信徒对这段话有不同的表达："饶
恕我们的侵犯（trespasses），如同我们饶恕了别人的
侵犯。""debt"这个词——直率而中肯——和朴实的、
领圣餐时喝葡萄汁的联合教会非常契合，"trespasses"
是一个圣公会用语，形象而复杂，非常适合领圣餐时
喝葡萄酒、神学更加繁复的圣公会。但是这两个词真
的是一个意思吗？我看不出这种可能。"Trespassing"
是指侵犯他人的财产，特别是当有禁止入内的指示牌

的时候；"债"是指你欠别人钱，但肯定有人认为它们是可以互换的。不过，有一件事连我这沉迷宗教的头脑都很清楚：无论是债还是 trespasses，都不是令人想要拥有的。

从 20 世纪 40 年代到现在，搜索引擎已经有了明显的成长，我最近一直在网上浏览，寻找关于主祷文中这段话两个不同译本之间差异的解释。如果你自己这样做，你会发现约翰·威克里夫在他 1381 年的译本用的是"债"（debts），丁道尔 1526 年的译本用的是"侵犯"（trespasses）。"trespasses"在 1549 年的《英国国教祈祷书》（*English Book of Common Prayer*）中再次出现，但 1611 年的钦定版圣经又用回了"debts"。拉丁文圣经用的是"debts"。但有趣的是，在耶稣所讲的闪米特（Semitic）语言中的阿拉姆语（Aramaic）中，"债"和"罪"是一个词。所以你可以将这个词翻译成"免我们的债 / 罪"，甚至"罪债"，尽管尚没有译者选择这样做。

如果你继续在网上搜索，你会找到许多类似的博客。它们的作者通常总结说，主祷文中提到的债和 / 或侵犯是指灵里的债和 / 或侵犯。它们实际上是罪

（sins）：上帝会赦免我们所犯下的罪，正如我们自己
赦免人们对我们犯下的罪。

布道博客警告我们，不要犯幼稚地相信我们谈
论的债务实际是金钱债务的错误。以下节选自美丽
古老的圣雅各·桑蒂主教教会（Saint James Santee
Episcopal Church）牧师珍妮·C. 奥布里奇（Jennie C.
Olbrych）的博客，这家教会在南卡罗来纳州的麦克莱
兰维尔（McClellanville）附近。我知道这间教会美丽
古老是因为在他们的网站上有一张教堂的照片。这篇
博客可谓正中要害，针针见血。奥布里奇牧师说："请
记住金融债务有时是罪的隐喻——免我们的罪、侵犯
和债，如我们免了他们的罪、侵犯和债……"

　　亏欠巨额债务是当今世代的典型特
征。——截至今年6月，消费债务为2.5万亿……
普通家庭信用卡债务接近1.2万美元。如果你是
一位私房房主，你就会知道签署住房房贷或大额
支票令人忧心……如果你思虑过多则会不知所
措……

　　在我服侍的另一间教会，一对夫妇前来进行

牧者咨询……他们像疯了一样吵架……咨询过程
中我问他们欠了多少债——他们欠了将近7.5万
元信用卡债……他们的年收入在5万元左右。他
们被债务压垮了，还清债务是没有希望的……想
想看，那位之前一直骚扰你的万事达的员工，出
乎意料地来电说……"我们将那笔债一笔勾销"，
你将会多么放松。或者，如果有人打电话过来
说……银行将豁免你的住房房贷……或者你的
助学贷款……或者你的商业债务……我们将豁免
它…… 你可能会想……这太好了，不可能是真
的，这是不合法的……银行肯定搞错了……之后
你可能会等待，然后检查你的收支平衡……然后
声明邮寄过来了……或更好的，你的行为……被
赦免被清零了……这值得怎样庆祝啊！你难道不
会赞美美国运通卡或维萨卡吗，或者天堂的银行
吗？……因为债务确实是一种奴役——

　　现在，你们当中那些讲求实际的人无疑会
说——嗯，这是个好主意，但实际上行不通，因
为整个系统会分崩离析……如果所有人的房贷被
豁免，银行体系就会崩溃……必须有人埋单……

你这样想是对的……

　　不负债是一件美妙的事——但更美妙的是在灵魂上不负债……

在这儿，在一束非常紧凑的意义花束里，我们看到：金融债务是对罪的隐喻；负债的恐怖和负担；当我们所有的金融债务被一笔勾销后我们所经历的喜悦；这在实务世界不可能真正发生，因为"整个系统就会分崩离析"；还有债务是一种奴役形式的概念。如果我们将结尾和开头联系起来，我们就得到一个更简洁的等式：金融债务不仅仅是关于罪的隐喻，它就是罪。它是一种债/罪，如同在原来的阿拉姆语中一样。

现今的传道人已经不再说，真正的美德，就是债权人烧掉他们的账簿。但我们有充足的理由相信，耶稣的意思是我们既要免除金融债务，也要赦免其他的罪。他不仅用了一个对他而言包含这两层意思的词，而且他非常熟悉摩西律法。根据摩西律法，每七年要设立一个安息年，年内所有的债务都要被赦免"每逢七年末一年，你要施行豁免"，《申命记》15章1—2节说："豁免的定例乃是这样：凡债主要把所借给邻舍的豁免了，不可向邻舍和弟兄追讨，因为耶和华的豁免年已经宣告了。"

　　你可能会问，在这种条例下，为什么还有人借东西给其他人？可能是因为借出和贷入发生在小社区当中。你不需要免除外国人欠你的债务——只须免除团体内部的，这类团体中，你和你隔壁邻居的关系是从摇篮到坟墓紧密地联系在一起的，今年的债主可能下一年就成了借债的。我的母亲在新斯科舍的一个小社区长大，用她的话说，"是一个每个人都知道你的事的小村子"。在这样的地方，好名声非常重要，没人愿意背上欠债不还的名声，否则下次他们有需要时，可能连一碗面或一个鸡蛋都得不到。所以最终你还会因为豁免债务得到回报，即使不是金钱。例如，大萧条时期，在新斯科舍几乎没有人有富余的钱，但是我的祖父——当地的医生——总能拿到酬劳，不管是鸡还是木头。我母亲说，他们的确收到过病鸡，但至少他们一直有柴烧。

　　1994 年，简·雅各布斯（Jane Jacobs）在她的《生存系统》（*Systems of Survival*）一书中提出一个理论，

即人类只有两种获取事物的方式：占有（taking）和交易（trading）。雅各布斯说，我们所做的每一件事累积起来，都会归结到这两种方式中，并且我们绝不能将两者混为一谈。我们必须特别小心，以防此一领域的专家负责彼一领域。例如，警察属于肩负守护人职责这一端的人，我们允许这类守护者拥有武器，那么警察就不能同时是商人，否则后果将是贿赂、收取保护费以及其他形式的腐败。

根据雅各布斯的两个标签，属于"占有"的包括狩猎、捕鱼和采集，战争期间的劫掠、武力获取领土、抢劫、强奸、奴役人民，在人行道上寻找硬币或者——像我喜欢做的——回形针。属于"交易"的有易货贸易，买进卖出，安排婚姻，还有制定管理市场的条约，尽管后者有时候是"占有"——曾经被称为"炮舰外交"。当我第一次读这本书的时候，我开始对发现不适合这个双栏方案的事物着迷。首先我想到礼物：礼物当然既不能被占有，也不能被交易。但是不，礼物适合"交易"这一栏，尽管礼物上没有贴着价签，而且卖礼物既不礼貌，还会带来坏运气，交换的规则还在起作用：因为你欠下的一份礼物，至少是一份对感激的表达，再加上，你欠你自己一个礼物，如果不是欠送你第一份礼物的人，至少是欠其他人的。艺术天赋同样如此。一种艺术天赋是一次馈赠，一种给予——它买不到——其他艺术家通过他们的作品带给你进一步的灵感，然后通过你的作品，传递给另外的艺术家。你真走运。

　　但是借贷呢？借贷好像我存在于一个阴暗之地（shadowland）——既不属于"占有"，也不属于"交易"——借贷根据最终结果的不同转变它们的性质。它们就像童话里的谜语一样：到我这里来，不要穿衣服，也不要光屁股；不要在路上，也不要在路下；不要走路来，也不要骑马来。借入的物品或金额既不能被占有，又不能被交易。它存在于两者之间的阴暗之地：如果为贷款付出的利息达到高利贷的量级，这交易就近乎从债务人那里盗窃；如果物品或金额从未归还，同样近乎盗窃，这次是从债权人那里，因此它是"占有"，而不是"交易"。但如果物品借来了，随后以合理的利息归还，这显然是交易。劫持人质是同样的阴暗之地交易：部分是盗窃或占有，部分是交易。

然而，存在另一种含混不清的金融安排：抵押一件可能在将来被赎回或买回的物品。或者它可能不会被买回来，这种情况下，任何持有这一物品的人都可以保留它。抵押是非常古老的实践。例如，《申命记》24章6节说，"不可拿上层或者下层的磨盘做出承诺，因为这是拿人的生命做出承诺"。《申命记》中有大量调节公平的法律——这些法律为你可以走多远设定一个上限。不拿磨盘的意思是你不能拿走一个人赖以为生的东西，因为——显然——他永远也不可能偿还你的债务，并把磨盘赎回去。因此，拿一个人的主要工具做抵押，就像偷窃一样败坏。如果它是一个小的家庭磨坊，你无异于是从他们的嘴里抢夺面包。

这种中间交易对我们来说仍然很重要。我们将抵押物品称为"典当"，抵押物品的场所被称为"典当行"。这些地方有一种硫磺的味道，这是所有存在于明确类别之间的阴暗之地的事物都面临的风险。

我新斯科舍省的姨妈乔伊斯·巴克豪斯（Joyce Barkhouse）现在95岁了。她讲过一个关于典当行的故事。

我哥哥出生在1937年2月中旬，那时正深处于大萧条之中，从新斯科舍到蒙特利尔的火车票有情人节特价，只要10块钱。我的姨妈和她的一位闺蜜凑足了10块钱，去蒙特利尔帮我母亲照顾她的新生儿。她们到那时，我母亲还在医院，因为我的父亲还没收到他当月的工资，因此付不了款，也就不能把妈妈接出来。当时，医院扣押欠债的病人是很普遍的。我的父亲最终得以把我的母亲解救出来，但支付医院账单——99块，我从我母亲的账簿里看到的——用光了他所有的薪水。

　　我父母当时穷得连个豆子都没有，所以我的爸爸没有现金存款，他就典当了他的钢笔来请我阿姨吃答谢午餐。（他觉得需要这样做，表明他明白需要一个答谢礼物来回报我阿姨馈赠的照顾和服务。）我的阿姨和她的闺蜜坐火车回新斯科舍的时候，也收到了两份珍贵的告别礼物：一串葡萄和一小盒劳拉·西科德（Laura Secord）巧克力——这是她们在火车旅途中必须要吃掉的全部食物。她们没有卧铺，所以必须全程坐着，这很不舒服；但是有一个男人租赁枕头，25美分一个。唉，她们俩一共只有48美分，但她们提出给他48美分和2块巧克力——同时摆动着她们的睫毛，

我阿姨说——她们的提议被接受了。于是她们睡得很
舒服。

　　当我小时候听这个故事时，我因为她们成功得到
枕头而欢欣鼓舞，同时吸取了讨价还价过程中的教训：
如果你不提供一个交易，你不会交易成功。后来，我
对钢笔产生了兴趣，我想，是什么钢笔呢？考虑到我
父母穷得连个豆子都没有，我父亲是怎么拥有一支贵
到足以典当的钢笔的呢？再后来，我惊奇于火车之旅
的廉价——10块钱现在连一瓶水或几个土豆都买不
到——还有一串葡萄的昂贵。

　　但是现在我想，我父亲！一位正直的人！走进了
典当行！多么不搭调！确实，阿姨讲述故事的这部分
时，嗓音调低，但语调轻快，好像典当行的片段有失
体统——就像闯入了少女表演——又有违道德——打
破了某种界线，但是又富有勇气和自我牺牲精神：看
看我的父亲为了做正确的事而愿意去做的事！

　　在我很小的时候，我曾经认为典当行与象棋有
关——你可以在那购买额外的棋子，来替换那些永远
消失在沙发靠垫后面的棋子。但不是这么回事。象棋
中的卒（pawn）来自"苦工"或农民——卒是步兵，

你先派他们出去，牺牲它们与对方兑子，因为它们的价值相当微小。典当行中的典当（pawn）来自一个意为"承诺"的词——你把东西留在典当行，典当行老板给你一些钱和一张写有数字的票据，晚些时候你可以回来，出示票据，支付原来的数额，加上额外的使用资金和交易成本，"赎回"或买回你的东西。但如果你在约定期限内没有带着钱回来，你就失去了买回你的东西的权利，物品就归当铺老板所有，他可以卖了它并保留利润。

在我的父亲拿着他的钢笔走进一家典当行的时候，为什么当时的典当行名声不佳？对此有不同的看法。对任何牵涉双方并且涉及保持它们之间的平衡的事物——用真理的羽毛称量灵魂的天平，有关谋杀母亲和谋杀父亲的辩论，记录好行为的天使和记录坏行为的天使，你的月度预算以及典当行的优缺点——让双方保持平衡是很难的。

典当行的历史至少要回溯到古典希腊和罗马时期，在东方，则要回溯到公元前 1000 年的中国。对它们的负面看法源自它们不佳的名声，它们是走投无路

的人最不得已的选择，而且盗贼用它们来销赃：他们
弄来些东西，卖给典当行老板，之后再也不来取。还
有另一种欺诈方式：打算破产或溜走的人可以赊购货
物，典当它们，然后卷款逃走。

对它们的正面看法认为，典当行是乐于帮助穷人
的社会改良家，是穷人的银行家：中世纪的方济会和
古代中国的佛教僧侣都为穷人的利益经营典当业务。
这些典当商会提供小额款项，而没有大量的抵押物，
那些浮华傲慢的贷款机构根本不会提供贷款：实际上，
它们做的是小额信贷。圣尼古拉斯（Saint Nicholas）
是典当行的守护神，有一个动人的传说，他为三个没
有嫁妆出嫁的女孩准备嫁妆，嫁妆是三袋金子——因
此你可以看到在西方的典当行外面悬挂着三个黄金
球。（在中国不是三个黄金球，是一个好运蝙蝠——但
这是另外一回事了。）

关于圣尼古拉斯的另一个传说则毫无根据——每
年的 12 月 25 日他从烟囱中下来，背着一袋他从典
当行里偷来的东西。然而 19 世纪的口语表达"老尼
克"——意为魔鬼——真的与圣尼古拉斯有直接的关
系。还有其他线索。注意每一种情况下的红色外套；

注意他的浓密毛发，还有上面的灼痕和煤灰。我们知道俚语"to nick"，意思是"去偷窃"，来自……但我跑题了，简单插一句，圣尼古拉斯是小孩子——那些爱偷东西的小精灵对他人的财产权毫无意识——的保护神，也是盗贼的保护神。圣尼古拉斯总在一大堆赃物附近出现，当你问他他从哪里搞到的，他会讲一个令人难以置信的故事：是由某些非人类劳动者在被他委婉地称为"车间"的地方捶打出来的。假的吧，我说。

至于那三只金色的球，嫁妆的故事非常吸引人，但更有说服力的说法是，球是美第奇家族（Medicis）盾形纹章上的一部分，他们非常富有；随后带金球的纹章被郎博德（Lombard）家族使用，他们是银行家和放贷人，希望人们认为他们非常富有；很快——因为这种早期形式的暗示性广告和感应魔法奏效了——他们就非常富有了。

其他人是人们能典当的第一类事物中的一种。美索不达米亚的《汉穆拉比法典》，可以追溯到公元前1752 年，是对当时业已存在的法律的汇编，这意味着债务法本身更为古老。通过阅读这部法典，我们了解到一个负债的男人可以典当他的妻子儿女、他的妾和她们的孩子，还有他的奴隶给一位商人作为债务奴隶，并换回钱来还他的债；或者他可以直接卖掉他的家庭成员。在后一种情况下，他不能赎回他们，他们必须终生为奴。但如果他们是为借贷做抵押，而且贷款在限期内被偿还，他就可以赎回他的债务奴隶。他也可以——如果他实在是绝望之极——将自己卖为债务奴隶，在这种情况下，他非常有可能终身为奴，因为没人前来赎他。

债务奴隶制度绝不只存在于遥远的过去。想想现今的印度，在那里一个人可能一辈子都实际上是一名债务奴隶——许多人因为必须要准备嫁妆而落入这样的境地。再想想那些从亚洲偷渡到北美洲的非法移民，偷渡来的人被告知他必须终身无偿工作，以偿还他的旅行费用。19世纪，在北欧的一些采矿村落，公司的商店为奴隶拥有者的场地提供供给：矿工必须从商店购买他们的食物和生活必需品，在那里这些东西的开销比他们能赚到的钱还要多。

在爱弥尔·左拉最著名的小说《萌芽》(*Germinal*)——这一名字源于法国大革命带来的新的月份命

名中的一个，即 4 月——中，这一系统的肮脏和真实被描述得淋漓尽致。店铺经理猥琐下流，观念陈旧，认为性是可供交易的商品，所以他以勾销债务作为交换筹码，利用矿工的妻女达到淫乐的目的。一场著名的骚乱中，一众矿工妻女实现了复仇，胜利大游行中，店铺老板的生殖器被挑在竿子上游街示众，这种娱乐形式简单粗暴，只是当时没有电视，但此情此景，真让读者额手称庆。还有另一种19世纪的债务奴隶制度，一些人向妓女出租房间和衣物，或者经营妓院，在那女孩们的食物和衣服的开销被计入流水账，永远都还不清。这一形式仍在继续，不过毒品的开销被添加进了流水账而已。所有这些使人不得不服从他人的意志，为仅能糊口的报酬工作的手段，令人心生绝望，是永远无法跳下的噩梦跑步机。

截至《汉穆拉比法典》被记录下来的时候，奴隶制度已经存在了很长时间。它的起源是什么？在《父权制的缔造》(*The Creation of Patriarchy*)一书中，"父权制"并不意味着和蔼可亲的爸爸坐在餐桌头上切星期天的烤肉，而是在这一制度安排下，男人对待他的妻子儿女就像他绝对拥有他们一般，有权任意处置他

们，就像处置桌子椅子。在这本书中，格尔达·勒纳
（Gerda Lerner）如此说道："关于奴隶制的起源，历
史资料非常稀有，且多为推论性的，禁不起推敲。奴
隶制在狩猎采集社会即便可能也少有发生，但在时代
和地域都有间隔的游牧社会广泛出现，之后伴随着农
业、城市化和国家形态产生的始终。大多数权威人
士得出结论，奴隶制源于战争和征服。通常被引证的
奴隶制起源有：战俘、对犯罪的惩罚、被家庭成员出
售、卖身抵债，还有债务奴役……奴隶制只能在特定
的先决条件下才能存在：必须有食物剩余、必须有制
服顽固罪犯的手段、在奴隶和奴隶主之间必须有所区
别（视觉上的或概念上的）。"她接着推断出第一批奴
隶是女性，因为她们更容易控制，而且在设计出精巧
的装置来刺瞎他们的双眼之前，男性战俘通常被斩首
或推下悬崖——这让我们想起了力士参孙（Samson
Agonistes），在约翰·弥尔顿的同名诗篇中，"瞎了眼，
在哥栅与奴隶们一起推磨"。

　　参孙是《旧约》中的英雄，他的神赐的力量仰赖
于他不泄露自己的秘密，这秘密就是他如果被剃去了
头发，就会失去所有的力量。结果一个诡诈的女人剃

去了他的头发——这种女人像筛子一样不能保守任何
秘密；不要告诉她们任何事情，除非你想让邻居们知
道——但是参孙从敌人的折磨中救赎了自己，他买回
了自己灵魂的自由，代价是他的肉身生命。当我们说
一个人在犯下一个可耻的罪行后，通过一个高尚的义
举来弥补，以"救赎他自己"的时候，是多么令人着
迷啊！显然，存在一个灵魂的典当行，在那里灵魂可
以被抵押，但是之后可能被赎回；这就是我们接下来
要讨论的。

　　首先是这一灵魂典当行的奇妙显现：噬罪者（Sin
Eater）。噬罪的习俗出现在玛丽·韦布（Mary Webb）[1]1924

1　玛丽·韦布（1881—1927），英国小说家，其著名作品为《珍贵的毒药》
（1924）。这个故事讲的是大约两百年前英国西部的乡村生活。说的是普鲁·萨
恩和她哥哥追求爱情与幸福的故事。那时的乡下人生活很艰难，没机器帮
他们干活，年纪轻轻便常常因饥寒而死。M. 韦布曾在南港市一所学校求学。
1912 年与教师 H. 韦布结婚，大部分时间住在什罗普群，她的小说也都以
该地为背景。M. 韦布的小说以抒情见长，以浓烈的笔触烘托出什罗普郡的
山山水水及生活在那里的人们。她在小说中流露出的对大自然的爱和笼罩在
主人公头上的厄运让人想起 19 世纪后期的作家，但她的小说未能达到哈代
作品丰满成熟的悲剧境界。其他作品有《金箭》（1916）、《躲入山洞》（1917）、
《多默森林中的房子》（1920）等。她的诗歌集——《诗 51 首》在她逝世后
的 1946 年出版。

年撰写的名为《珍贵的毒药》(*Precious Bane*)的小说中，
书名源于约翰·弥尔顿《失乐园》的第一卷。撒旦从天
国降入地狱之后，发起了一次挖矿探索：

> 附近有一座山，那可怕的
>
> 山顶喷着火焰和冲天的烟尘；
>
> 全山各部都发出萤光，那无疑是
>
> 它腹内隐藏的硫磺焚化着金银矿砂。
>
> 有一大队天军急忙向那儿飞去，
>
> 好像是王师的先头部队，
>
> 拿着锄头和鹤嘴锹，在那儿
>
> 挖掘壕沟，筑建堡垒。
>
> 率领这支军队前去的是玛门。
>
> 玛门在天上坠落的天使中最为卑微
>
> 当初在天庭便是垂头丧气的，
>
> 他的眼睛总是向下看，最称羡
>
> 天庭的黄金砌地和豪华铺道，
>
> 却不欣赏神圣、光明的良辰美景，
>
> 他首先破坏宇宙的中心，
>
> 后来的人类也是由于他的教导，

　　　　用叛逆的手，搜索地球母亲的内脏，

　　　　夺取其中该好好保藏的宝库（precious
bane）。[2]

　　由标题可知，韦布的《珍贵的毒药》的主题之一，是带有毁灭性的对财富之迷恋，确实如此。故事设定在 19 世纪英国的什罗普群（Shropshire），在那仍然残存着旧有的习俗。吉迪欧·萨恩（Gideon Sarn）的父亲死于中风，死时还穿着靴子——这是不幸的事，因为他被认为是"带着愤怒，带着他所有的罪"死去的。这是哈姆雷特所希望的谋害了他父亲的继父克劳狄斯（Claudius）的死法。你可以通过真心的忏悔来补赎你的罪债，但如果你没有时间这样做，你就完蛋了。这时候你就需要一个噬罪者。韦布解释道：

　　　　当时，在我们国家的这个地方，仍然风行这
　　一风俗，有人死后，给某个穷人一笔费用，然后
　　他就拿起跨过棺材递给他的面包和酒，一面吃喝，

─────────────
2　中文译文出自《失乐园》，朱维之译，上海译文出版社，1984 年版，第36—37 页，略有改动。

一面念念有词：

亲爱的先生，我现在赐你安乐与安息，使你
不会穿过野地，也不会走上岔路。为了你的平安，
我典当了自己的灵魂。

带着悲痛的表情，他默默地回到他自己的住
所。我祖父曾说，大多数噬罪者曾经是智者或通
灵法师，却走上邪魔之道。或者出身贫苦，犯下
某种恶行，脱离了人生正道，没人愿意与之打交
道，除了越过棺木的面包和酒，他们没有别的食
物可吃。在我们生活的年代，萨恩附近没有剩下
噬罪者。他们差不多死绝了，况且，他们须被遣
入深山老林之中。因为路途遥远，他们会要求高
额报酬，而不是再像以前那样无偿这样做了。

在《珍贵的毒药》中，死者的儿子吉迪欧做了噬
罪者；他这样做是为了得到家庭农场，他想全心全意
地在农场中劳作，发家致富，然后就可以主宰每一个
人。但他的噬罪行为为其招致了厄运。作者这样描述
他喝下噬罪酒的情景："他拿起盛满暗黑之物的白镴
小酒杯……"糟了，我们心想，不会发生什么好事。

如果噬罪者的动机单纯无私，他还有些逃脱诅咒的希望。但如果他像吉迪欧一样，"神色猥琐，心思下流"，就无可脱逃了。

噬罪也在苏格兰边境地区和威尔士为人所知。刘易斯·海德（Lewis Hyde）在《礼物：想象力和物欲生活》（*The Gift: Imagination and the Erotic Life of Property*）[3] 中描述了一种类似但不完全相同的一个世纪之前的威尔士风俗：

> 棺材被放在门外靠近门口的棺材架上。死者的一位亲属向穷人分发面包和奶酪，小心翼翼地把礼物从棺材上方递过去。有时面包或奶酪里面夹上一块钱。为了得到礼物，穷人们提早准备鲜花和药草来装饰棺材。

海德将葬礼礼物归入一类更大的分类，他称之为"临界礼物"，这种礼物帮助人生从一个阶段进入下一阶段。在威尔士风俗中，死者在此生通往来世的路上

3　2007 年版副标题改为 *How the Creative Spirit Transforms the World*，有中译本《礼物：创新精神如何改变世界》。

得到帮助，如果帮助不当，死者可能作为鬼魂被困在人间，而众所周知，鬼魂是在人间尚有未竟之事的灵魂。类似的习俗遍布全球，放置于墓地或金字塔中的物品具有相同的功能：它们陪伴死者，协助死者转世。下次你把花扔进敞开的坟墓的时候，问问你自己为什么要这样做。

但是一些额外的东西被加在了噬罪之上。递过棺材的面包和酒明显是对基督教圣餐的回应。通过圣餐礼，灵魂被置于恩典之下，但是噬罪的面包和酒具有相反的作用：你吃喝的是黑暗，而不是光。噬罪者被认为吸收了所有他吃掉的罪，因此让死者的灵魂得以从罪中释放出来，这样，他就和替罪羊的形象有了明显的联系。他亦已典当了自己的灵魂作为保证，以便将来偿付的期限到来时，某人——即他自己——已准备好偿还所有的罪。

然而，尽管噬罪者典当了灵魂，他并没有卖掉它。他典当了灵魂，得到的回报是面包、酒和钱，当然，这一行为也是勇敢的冒险，因为——就像在击鼓传花游戏中——如果他自己穿着靴子死掉，而且没有噬罪者出现，他就会被全部的罪所捆绑。典当商是撒旦，这是当然的：是他收集了被典当的灵魂，除非噬罪者的灵魂被赎回，就像你从店里赎回你典当的物品。值得指出的是，"典当"也有"人质"的意思。那时人质——和今天一样——是指被扣押的，用以交换其他人或一定数量的钱的人。因而噬罪者的灵魂表现得就和被他吃掉罪的那个人的灵魂一样，怪不得在《珍贵的毒药》中，噬罪者要带着"安静和痛苦的样子"回到"他自己的地方"了。

就我们所知，神话故事中这类人质中的第一人应该是葛丝堤安娜（Geshtinanna），她出自苏美尔人的伊南娜（Inanna）神话。生命女神伊南娜在权力斗争中败于死亡女神伊瑞绮嘉拉（Erishkigal）并被杀死，但生命女神死了可不行，这于花园不利，更不用说地球上所有其他的生物了。所以另一位神造了傀儡样的机器人，它们不是有机的生命体，因为不受死亡的管辖。这些傀儡拯救了伊南娜，使其重见天日。但是，伊瑞绮嘉拉表示，死亡人数必须维持不变，否则宇宙的平衡将被打破，因此需要找一名替身，代替伊南娜在苏美尔冥府中的位置。牺牲者是牧人国王杜穆兹（Dumuzi），他是伊南娜的凡人配偶。但是杜穆兹的姐姐葛丝堤安娜表示自己愿意做弟弟的替身，她自我牺牲的精神大大感动了众神，于是他们将死期分为两半，杜穆兹在阴间待半年，葛丝堤安娜待另外半年。因此，葛丝堤安娜可能是第一位献上自己作为替身，以救赎另一个体的个人。这便是噬罪者风俗的根本要旨：有了某项亏欠，欠债者无力偿还，于是其他人挺身而出，甘愿代偿或取代欠债者的地位。这一要旨与基督教要义的相似之处显而易见。

每一种人类行为模式都存在正负两个版本。在这一模式的负面版本中，你不会献上自己去做别人的替身，而会献上他人充当自己的替身。负面版本的一个恰当的例子可以在乔治·奥威尔（George Orwell）的反乌托邦小说《一九八四》（1984）中找到。倒霉的主角温斯顿·史密斯被送去可怕的 101 房间。101 房间总有这世上最可怕的事物，温斯顿最怕的正好是老鼠。这些老鼠饥肠辘辘，正要在他的眼睛上饱餐一顿。

　　　面罩挨到了他的脸上。铁丝碰在他的面颊上。接着——唉，不，这并不能免除，这只是希望，小小的一线希望。太迟了，也许太迟了。但是他

突然明白，在整个世界上，他只有一个人可以把
惩罚转嫁上去——只有一个人的身体可以被他插
在他和老鼠之间。他一遍又一遍地拼命大叫：

"咬裘莉亚！咬裘莉亚！别咬我！裘莉亚！
你们怎样咬她都行。把她的脸咬下来，啃她的骨
头。别咬我！裘莉亚！别咬我！"[4]

顺便说一下，裘莉亚是温斯顿心爱的情妇。以别
人替代自己，对研究古老宗教的学生而言，是再熟悉
不过的概念，它处于动物牺牲和人类献祭的实践之后。
你欠神的债，就让其他人或物为你代偿。《旧约圣经》
的读者会发现——特别是在《利未记》和《申命记》
中——一长串名单，是关于在仪式上杀死什么动物可
以为你自己代偿什么罪愆、侵犯或过失，或者偿还神
赐予的一个特别大的赏赐。这只动物救赎了另一只：
例如，可以用一只羔羊救赎一只头胎的驴，条件是代
替它被宰杀。

在中东和希腊的世界里，牺牲可以是人祭，至少

4　中文译文出自《一九八四》，董乐山译，上海译文出版社，2006 年版，略
有改动。

在重要的场合是如此。特洛伊战争远征军的统帅阿伽门农王牺牲了他的女儿,《旧约圣经》中的军事领袖耶弗他(Jephthah)也献祭了自己的女儿,回报是他们双双取得胜利。约书亚(Joshua)在征服迦南地众城池之后,屠杀了所有俘虏还有他们的牲畜,作为向上帝献上的祭品。以利亚(Ezekiel)也杀戮了巴力(Baal)的 450 名祭司。

在任何情况下,包括人类,任何物种的头胎都被认为是属于上帝的,因此当上帝告诉亚伯拉罕献祭他的独生子以撒时,亚伯拉罕毫不惊讶。一般认为这一故事代表动物代替人类作为祭品的开端,因为故事中被割开喉咙的不是孩童以撒,而是一只公羊。然而,人类献祭——主要是儿童献祭——在古代世界曾被广泛实践,这些是替代性的牺牲,可以偿还你所亏欠的债务,报答神的恩惠。人们献上一笔合适的少量财产——一头公牛、一只鸽子、一名孩童、一位奴隶——来代替自己,嘴里喃喃不停地嘟囔各自版本的"咬裘莉亚"。

令人欣慰的是,到了《民数记》的时候,可以用货币等价物来代替了。想想,下次当你把你的信封放进教会的奉献盘时，那张 20 块的钞票可以使你免于喉咙被割，而且这价格不贵。

　　这就把我们带到了基督教。基督被称为救赎主，救赎主这个术语直接来自用于债务和典当或抵押的语言，从而引申出替代性献祭的意思。实际上，整个基督教神学都建立在灵魂债务的概念之上，必须做些什么来抵债，以及你将如何以其他人的代偿摆脱债务。它还建立在基督教之前替罪羔羊的角色——包括人类献祭——的漫长历史之上，替罪者将带走你的罪。

　　以下是浓缩版本，如果由于将其压缩到如此简短的形式，我不能做到完全公允，我先道歉：

　　上帝赐人生命，人类因而向其欠下完全感恩、绝对顺服的债务。然而，人类始祖亚当没有偿还这笔应该偿还的债务，反而违抗上帝的命令，背弃了自己的义务。这样，他就永远地典当了自己以及自己的子孙后代。因为，如果处理过有关遗嘱的事宜，我们就知道，一个人的债务可以转移到其继承人或受让人身上。对于这一内置的罪债，债权人有时被认为是死神，有时是撒旦：这一实体要么取走你的生命，要么取走你的灵魂，要么两者都要，以偿还因着你卑劣的始祖累及你自己所欠下的罪债。

人类从亚当那里继承了债务负担，我们称之为"原罪"，你所犯的罪逐日累加（不是什么原罪）在原罪之上，这两种罪是你自己永远偿付不了的，因为他们的总额过于庞大。所以除非有人站出来承担你的罪，否则你的灵魂要么永远灭绝，要么成为撒旦在地狱中的奴隶，以某种令人作呕的方式被处理。但丁描述了各式各样的处置方式，地狱的统治者宛如吉尔伯特（Gilbert）和苏利文（Sullivan）[5] 的歌剧《天皇》（*Mikado*）中最高刑事总监的恐怖版本，他聪明机巧，热衷于创设适合罪行的惩罚。如果这一形象对你而言过于中世纪，将有关地狱的布道纳入詹姆斯·乔伊斯（James Joyce）的《一个青年艺术家的画像》（*A Portrait of the Artist as a Young Man*）之中，便可得到一个对地狱景象的较短的再现。

一生之中，所有灵魂既不处于恩典的状态，也尚

---

5 这里指的是维多利亚时代的剧作家吉尔伯特（W. S. Gilbert, 1836—1911）和作曲家苏利文（Arthur Sullivan, 1842—1900），他们在 1871 年至 1896 年间，合作创作了 14 部喜歌剧，其中最著名的有《皮纳福号军舰》（*H.M.S. Pinafore*）、《彭赞斯海盗》（*The Pirates of Penzance*）和《天皇》（*Mikado*）等。

未被完全卖给撒旦，一般相信灵魂处于中间状态：处于险境，却还没有完全被打入地狱。至少在理论上，基督被认为已经救赎了所有的灵魂，他是宇宙的噬罪者。在十字架上，他担负了所有人的罪。在十字架上，他像葛丝堤安娜一样无私地献上自己，作为代替人类的祭品，并终结了一切代赎的人祭，从而赎回了深重的原罪债务。但个人也必须参与这场戏：实际上，你必须允许自己被救赎，才能得到救赎。

因此，所有活着的灵魂都可以被认为位居一个灵魂典当行之中，既不完全是奴隶，也不完全自由。时间涓滴流逝，在午夜的钟声敲响之际，肩扛镰刀的狰狞死神到来之时，你会得着救赎吗？或者，更糟的情形是，老魔穿着红色袍子，猛然把你装进他的地狱收纳麻袋里？撑住，别撒开你的指尖！不到结束的时候，千万不要放弃！

这使得基督徒的生活充满戏剧张力：你永远难以预料。世事难以预料，除非你秉持"反律法主义"的异端信仰。如果你是反律法的信众，你就会确信你灵魂的救赎，以至于你做出的最卑劣的事情也是正确的，因为甘犯律法的人是你。在这里容我引用《伦敦每日电讯报》2005 年刊发的一篇文章，以概括这一立场。
文章的作者是萨姆·利斯（Sam Leith），他影射英国
前首相托尼·布莱尔（Tony Blair）信奉这一异端邪说：

> 粗略地说，反律法主义——我必须粗略地说，
> 因为我不是神学家——认为，因信称义就可以不
> 做善事。正义凌驾于律法之上——这可以说是首
> 相在伊拉克问题上的立场。

> 某种程度上，可以将其看作把微妙的神学圆
> 圈拉成正方形：加尔文主义者认为，早在成为他
> 们祖先闪烁的眼睛的亮光之前，选民已经被预定
> 得救，这是神救赎计划的一部分。如果通往天国
> 的道路是因信称义，而非因行为称义，这一立场
> 的逻辑极端是行为完全不起作用。

> 神的恩典超乎我们的控制，恩典带来信心，
> 信心带来救赎。因此，如果你尚未被恩典触及，
> 你就不能做些什么，唯一的指望是在无限漫长
> 的退休生活中，有魔鬼在干草叉旅馆温暖你的
> 脚趾头。

> 另一方面，如果你是神的选民，那么欢呼吧：

耶稣要你成为快乐的人，哪怕坏事干尽，也不会影响他视你为义。绝大多数人都会同意，这是一个相当疯狂的观点，而且历史上，出于相当明显的原因，公共权力和宗教权威都倾向于阻止这一观点。但是，它还是出现了。

因为政治家 —— 至少是说英语的西方政治家——越来越倾向于把宗教拖进政治，对选民而言，就政治家们自己的神学观点提出质询似乎是公平的。而提问的时候，如下问题似乎是恰当的开端："你相信以下内容吗？因为你是神的选民，不会犯错，所以你终将得救，不可改变，任何你可能参与的贪污、诈骗、撒谎、折磨或其他犯罪活动都得以称义，全都像你一样纯洁。你说你愿意称为大众的政治领袖，大众粗鄙无文、毫无价值，预定要到地狱被油烹，你为什么还去在乎他们呢？"

有一部小说透彻地讨论了反律法主义的异端邪说，这部小说就是詹姆斯·霍格（James Hogg）著于1824年的《清白罪人忏悔录》（*The Private Memoirs*

and Confessions of a Justified Sinner ）。今时今日政客
们宣称自己比大众更为高尚，此书越发受到评论界的
关注，这并非巧合。书中情节如下：叙述者的宗教观
点被其狂热的母亲所扭曲，确信自己被预定获得救赎，
他满腹嫉妒仇恨，尤其厌恶更具魅力的哥哥和整天醉
醺醺的酒鬼老爹。恰在他渐渐完全相信自己的选民身
份不可撤销之时，叙述者遇到了一位神秘陌客，在后
者的指引下，他一次又一次地犯下邪恶的罪过。

在现代早期为人所称道的涉及与撒旦签订契约的
文学作品中，"地狱之书"被认为是必不可少的道具，
其原因我们随后探究。在霍格的小说里，它出现得正
是时候。主人公第一次偶遇神秘陌客是在一间教堂，
神秘人好像正在阅读什么东西，乍一看像是《圣经》：

> 我走过去和他搭话，但是他是如此专注于他
> 的书，以至于当我说话时，他连头都没抬一下。
> 我也看了一眼他的书，它仍旧像一本《圣经》，有
> 分册、章和节；但我对其使用的语言完全不懂，
> 而且字句上都画着红线。我第一眼看到那本神秘
> 的书时，一种好像被电流击中的感觉传遍我的全

身，我呆立不动。他抬起头来，微笑着，合上了书，放到他的怀里。"亲爱的先生，您看到我的书，似乎变得有些奇怪。""以上帝的名义，这是本什么书？"我问，"是《圣经》吗？"

"是我的圣经。"他说。

很快神秘陌客开始谈论血盟，于是读者便知道他是谁了。因为至少在文学作品中，血盟和骇人的邪书是 15 世纪到 19 世纪中撒旦两大明白无误的标志。他引诱你，让你必须用自己的血液与他签下契约。霍格小说中的邪恶之书似乎是撒旦版本的《圣经》，但更常见的是撒旦手拿厚厚账簿，里面记录着哪些灵魂已经被收买了，以便在致命的时刻前来收集。塞利纳（Céline）[6] 著有一部小说《死缓》（*Death on the Installment Plan*），这实际上就是撒旦售卖之物：你现在买下来，你就享受撒旦所提供的商品的好处，之后你就为之付款，无休无止。

6　路易–费迪南·塞利纳（Louis-Ferdinand Céline，1894—1961），法国小说家、医生，真名路易–费迪南·戴都什。代表作有《茫茫黑夜漫游》《死缓》（书名直译为《分期死亡》）等。

帕特里克·蒂尔尼（Patrick Tierney）在其引人入胜的著作《至高祭坛：人祭的故事》（*The Highest Altar: The Story of Human Sacrifice*）中，谈及盛行于南美洲喀喀湖地区巫师（*yataris*）当中与血盟不同却更为古老的传统。

> 把灵魂卖给魔鬼以交换宝藏的基督教式观念是自虐式的。在此地，这样的观念从未风行或者产生多大意义。艾马拉族（Aymara）巫师的方法则更讲求实际，他们将别人的"身体和灵魂"一起售卖给魔鬼……与魔鬼签订契约时，为免受其害，就献上人祭以驱魔避凶……显而易见的是，在这桩邪恶的交易中，某人的肉身被杀害。然而不那么明显的是，在阴险的潜在交易中，此人的灵魂将永受奴役……

从前，在欧洲人尚未到达此地时，献祭的牺牲者通常是无辜的年轻人或孩童，已提前做好了精神和情感上的准备，他们接受宴请，蒙受奉承，经受劝导，终而甘心乐意地献上自己，志愿成为全族的守护之灵——为服务整个社群的灵界力量提供强大的沟通管道。这样的牺牲者类似于噬罪者，也类似于替罪羊。是禁忌的形象，就像《珍贵的毒药》中的噬罪者，是"被诅咒了的"，也是蒙祝福的。此人献祭而死之后，将受到敬拜，轮到他享受民众颤抖战栗的趋前膜拜并献上祭品了。

蒂尔尼表示，现今在喀喀湖地区的巫师及其客户之间，个人与地方神祇签订契约是出于自私的目的，是为了世俗财富和权力，而献祭者则并非出于自愿。实际上，他或她是被诱至献祭地点遭谋杀的，且灵魂遭受奴役，被迫听命于构陷者的驱遣。据说，那些执行献祭活动的人生活于恐惧之中，生怕灵魂逃脱之后前来施加报复，就像斯巴达克斯以及《萌芽》中的一众妻女——对不公平对待的恨恶是普遍的未偿债务，发出保持天平平衡的呼吁。

人类历史早期，这些向超自然力量献祭、签订契约或欠下债务的形式五花八门，却没有一种以永久的形式固定下来。但随着书写的发明、记录，书籍和契约也出现了。对不可见的灵界的想象，往往反映出世间的实践：例如，17 世纪新英格兰人所描绘的女巫聚会，与同一时代清教徒在教堂中的敬拜有着怪诞的相似。因此一旦人类拥有了书写工具，撒旦马上也有了一套。其实，他的那套可能是从早期的后世记分员那里继承的，例如从埃及的书记员透特神那里。

多年以来，恶魔选定的媒介已然发生了改变。有时是需要蘸你的血签名的非实体书册，有时是一幅羊皮卷，或者是像克里斯托弗·马洛（Christopher Marlowe）16世纪末的剧本《浮士德博士的悲剧》（*The Tragical History of Doctor Faustus*）中的天赋契约。但无论物质形式是什么，它是一份契约，签了它，你的名字就写入坏书里面，正如道义之人的名字被写入好书当中。因为撒旦的角色之一便是律师——可以算是控方律师，他非常喜欢契约，也喜欢记录和账本。

为什么我们需要如此多的文件呢？我们来思考下债务和书面记录的关系。

没有记忆，就没有债，债务是过去发生的交易中产生的亏欠，如果债务人和债权人双方都不记得它，那么事实上这笔债务就勾销了。我们说"饶恕并遗忘"，而实际上，除非我们遗忘，否则我们无法饶恕。在但丁（Dante）的《神曲》（*Divine Comedy*）中，地狱中受苦的人牢记每一件事，而在天堂的则忘记自我，忘记谁欠你 5 块钱，转而思考无我的存在。或者那仅是理论上的。

倘若没有记忆，就没有债，这理所当然；但是我们能记住故事，因此我们记得怨恨和债务，还有谁需要向谁报仇，所有这些与人和他们的行为有关的事。除非我们是数学天才，否则记住这些比记住一长串数字要容易多了。人类的高阶数学能力是新近才发展出来的，而且个人的数学能力远非与生俱来：乘法表是凭死记硬背嵌入我们的脑海里的，而且即便你学习了乘法表，还会偶尔求助于掰指头数数——那是在计算器发明之前。芭比娃娃冥思苦想之后说，"数学好难"，她只是道出了事实。所以我们大多数人需要工具协助才能执行计算，即便只是一张纸和一支笔。

但是，在拥有那张纸之前，我们如何处理商业事务呢？例如，我们如何交易？考古学家告诉我们，人类进行实物交易至少已经有 4000 年的历史了，但是如果缺少记录，长距离的交易便有风险。为确保你能得到你想要的价码，交易就必须面对面进行——你的黑曜石换我的赭石。中间人靠不住：对方收到的物品，不一定永远等于这一方发送的物品，而且双方均没有确切的办法以兹证明。但是，一旦记录交易的工具准备就绪，中间商就可以为你达成交易，并取回收益，你则核对一下数额就好了。

　　人类的一切科技，都是人类身体和心智的延伸。因此眼镜、望远镜、电视、电影以及绘画的影像是眼睛的延伸，收音机、电话是声音的延伸，手杖、拐杖是腿的延伸，如此等等。而诸如书写和账面数字等事物则是记忆的延伸。这些备忘工具在诸多人类社会中独立出现，而且传送数据的方法——包括债务，好像总是出现于书面的诗歌和宗教材料出现之前：后面这类情感叙事驱动的作品更容易以口传的形式存留。

　　在南美洲的印加王国，串串彩色绳结（叫作 khipu）即用于此目的。在早期美索不达米亚文化里，小型的黏土圆锥、圆球、圆柱和其他几何形状的物体被封入泥制信封当中。如今这些形状被认定为畜牧动物的象征：母牛、牛犊、绵羊、羊羔、山羊、小山羊、猴子还有马。信封可以与牧人一同发送，非打碎不能拆开。因此，不论是谁买了畜群，都会有一份经过认证的清单或运单。

　　随后是楔形文字的使用，其中绝大多数是会计记录或存货的清单，因为当时美索不达米亚平原的祭司–国王介入了粮食剩余生意，并建立了第一批银行，即粮食银行。随着粮食剩余而来的是大规模战争：没有粮食就无法供养军队。而随战争而来的是更多的存货清单，在瓜分战利品的时候，需要大量的这类清单。成吉思汗的军队在一个城市投降之后做的第一件事情，就是清点存货，不仅包括所有值钱的物品，也包括所有人口。成吉思汗通常屠杀富人和贵族，却放过文士：他需要庞大的官僚机构来运行他的帝国，而识文断字的能力能派上用场。

　　记录的保存，使得有能力监测借方和贷方数据，复杂的税务系统因而得以扩散。最初，税收是一种保护手段，缴税给宗教机构，理应得到诸神的佑护；缴税给国王或皇帝，理应得到他军队的保护。农民的税负最重，他们生产实质的食物，以维持上层建筑的运转，直至今日仍是如此。理论上，税收不同于仅仅走进你的家，拿走你的物品。我们称后者为"抢劫"，而就缴税而言，你理应得到一些回报。到底获得什么回报，则为现代选举提供了喋喋不休的议题。

书面记录最开始出现时，对于目不识丁者，一定像黑魔法：他们不能识读的陌生符号，可能被律师和地主制作出来对付他们，因此这些符号背上了邪恶的名声。这是撒旦地狱账目最有可能的来源。实际上，现代早期的撒旦酷似税吏或刻薄的地主，手中不停挥舞着出卖灵魂的地狱契约，前来追讨逾期未还的地租，调戏正值妙龄的女儿，活脱舞台剧中的恶棍。尽管《圣经》上说，"恶人借债不还"，但对于人世间的可怜之人，真正邪恶的，一定是债权人，而不是债务人。

上述内容回答了这一问题，在暗如囚室的逼仄办公室之中，埃比尼泽·斯克鲁奇的低薪员工鲍勃·克莱切特（Bob Cratchit）整天在涂改着什么？是账本，是记录别人经年累月赊欠黑心的放债人斯克鲁奇债款的账本。鲍勃·克莱切特之于斯克鲁奇，正如天使长加百列之于上帝：哪里有债务，哪里必有记忆，斯克鲁奇记忆中的首要的就是别人欠他的债务，而正是鲍勃的羽毛笔将这一切化为记录的。传统上，在财富法律加诸的负担沉重的贫困地区，销毁这些记录是人们长久盼望的梦想，而欺骗地主、税吏、放贷者不但被视为正义，还被看作美德。侠盗罗宾汉（Robin

Hood）是强盗小偷，也是英雄人物，而诺丁汉郡长和约翰国王贪得无厌，通过放高利贷、勒索税金聚敛钱财，属恶棍之流。罗伯特·彭斯（Robert Burns）[7] 写有一首短诗，题为"撒旦随税务官而去"，被派来收取村民自酿麦芽威士忌酒税的人，被撒旦带着一起翩然而去。老魔的抢夺之举受到由衷的感谢，因为世界上最坏的债主拐走了他的迷你版本，同时摆脱了他们两个，真是太好了。

借方和贷方当中，谁更应该遭受责备？在莎士比亚的《哈姆雷特》（Hamlet）中，倔强的波洛涅斯（Polonius）对他毛躁的儿子雷欧提斯（Laertes）说："不要向人告贷，也不要借钱给人；因为债款放了出去，往往不但丢了本钱，而且失去了朋友；而向人告贷，容易养成因循懒惰的习惯。"换句话说，如果你借给朋友一笔钱，他不还账，最后就是你生他的气，他生你的气。假如你借钱，你就是花既不属于你也不是你赚的钱，而不是按你的收入量财度日。这个建议棒极

7　罗伯特·彭斯（1759—1796）苏格兰诗人，曾担任税务官，他复活并丰富了苏格兰民歌，在英国文学史上占有特殊重要的地位。

了，波洛涅斯！奇怪的是，遵循这一忠告的人少之又少。或者，竟然还有人遵循它也是咄咄怪事，因为不断地有人告诉我们，借贷值得称许，因为它使得"系统"之轮得以运转，消费者花费大量的金钱，维持着一个庞大、抽象、傲慢保守的系统，这一系统叫作"经济"。

但波洛涅斯是对的：当借方／贷方的天平严重失衡，长此以往，怨恨滋生，一方在另一方的眼里变得面目可憎，便显露出债务乃是双方权衡的行为，借贷双方都有责任。"擦干净记录板"是一种口语表达，意思是赎买你的罪，并为你犯下的错误做出赔偿。与所有的隐喻一样，这一隐喻也建立在真实生活的基础之上：在酒吧和饭馆的写字板上，通常记有顾客的赊欠记录。记录板之所以肮脏，是因为上面到处涂抹着林林总总的债务，对债务人和债权人来说都是肮脏的。

我将从巨大的英国俗谚摸彩袋中的两条模棱两可的谚语来结束本章，一条给债务人，一条给债权人。给债务人的是："人死百债清。"给债权人的是："生不带来，死不带去。"其实严格来讲，两句话都不确切，人死后债务或可继续存留，而"生不带来，死不带去"则取决于其对象是什么。不过，那又是另外一个故事了。说到另外一个故事，抑或说债务本身作为故事的基本动力，这就是我下一讲要讨论的主题，"债的故事"。

第三讲　债的故事

没有记忆，就没有债。换一种说法：没有故事，就没有债。

　　故事是随着时间的流逝而发生的一长串行动，而债务，是随着时间流逝而发生的行动的一种后果，正如我们在创意写作课上的陈腔滥调：祸不单行。因此，所有的债务都有故事线：如何债务缠身，你做了什么，说了什么，负债时在想什么，然后——结局或喜或忧——你是如何还清债务的，或者你的债务越来越多，债台高筑，就此沉沦。

　　暗藏的隐喻——浮现：我们陷"入"债务，犹如投入监狱、陷入沼泽、投入水井，或河床；我们脱"离"债务，犹如爬出洞穴，重见广阔天地。如果我们负债累累，图景可能是舟船倾覆，大海茫茫，海浪无情地向我们压顶而来，而我们身披镣铐，几欲窒息。所有这些听起来都充满戏剧性，身体活动不断，又是跳进跃出，又是攀爬翻覆，又是行将溺亡。这类比喻中的债务的故事线与抑郁阴沉的现实相去甚远。现实中，负债者枯坐桌前，厌烦地盯着着屏幕上的数据；或者重排逾期账单的顺序，期待它们能不翼而飞；或者在房间里踱着方步，苦思可能使自己摆脱债务泥潭的良策。

在我们的思想中 —— 就如反映在我们语言上的 —— 债是心理或精神上的非空间，就像克里斯托弗·马洛笔下的靡非斯特菲勒斯（Mephistopheles）所描述的地狱。浮士德问他，为什么他不在地狱，却和自己在同一个房间里。靡非斯特菲勒斯回答："为什么，这里就是地狱，我就在地狱里啊。"他随身携带地狱行走，好像那是他的专属气候：它中有他，他中有它。将其替换为"债务"，你会发现根据我们的讨论，债务同样是非空间的空间。"为什么？这儿就是债务，我就在债务里啊。"深陷困境的负债者可能做出类似的宣告。

这使得债务 —— 尤其是归还无望的巨额债务——成为听上去勇敢、高尚，饶有趣味，而非纯粹的卑鄙下流的整体概念，并为债务渲染了一种超越生活的非凡的悲剧氛围。难道有的人背上债务，是因为债务如同驾驶摩托超速行驶，会使得肾上腺素飙升，打破呆板无聊的生活吗？当法警前来敲门，或因为你没缴电费，所以家里断电了，或银行威胁要没收房产，至少你不会抱怨生活无聊。

　　科学家告诉我们，如果老鼠被剥夺了玩具和同伴，它们宁可去触电感受疼痛，也不愿意忍受漫长的寂寞。看来，即便这种电击的自我折磨也会带来些许乐趣。对折磨的期待本身就令人激动，而后还有伴随冒险行为而来的兴奋感。然而更重要的是，在平静的时空中，老鼠几乎愿意做任何事来创造事件。人类也一样，我们不仅喜欢我们的故事情节，我们需要它们，在某种程度上，是我们的故事造就了我们。没有故事的人生，不是人生。

　　债务可以构造我们这一充满故事的人生。艾瑞克·伯恩（Eric Berne）[1]著于 1964 年的畅销书《人间游戏》（*Games People Play*）着眼分析社会交往，其中罗列五种"人生游戏"，这五种游戏是个人终其一生具有的行为模式，一般带有破坏性，但因为隐含心理利益或收益，游戏得以继续。不用说，每种游戏需要至少两位玩家，其中一些玩家心知肚明，彼此串通一气，另一些玩家则被蒙在鼓里，毫不知情。"酒鬼""可

1　艾瑞克·伯恩（1910—1970），美国心理学家，早年学习精神分析，20 世纪 50 年代创立沟通分析流派（Transactional Analysis，简称 TA）。其沟通分析法在之后的几十年中，在心理治疗、教育、管理以及各个与人际关系密切相关的工作领域中，产生了积极而深远的影响。

逮着你了，你这狗娘养的""踢我吧""看你都让我做
了什么"是伯恩人生游戏的四个标题。第五个游戏叫
作"负债者"。

伯恩认为，"'负债者'不仅仅是一个游戏，在美
国它越来越成为一套剧本，一个终生计划，正如在非
洲和新几内亚的一些丛林中一样。在那些地方，一个
年轻男子的亲戚以高昂的价格为他买一位新娘，使他
未来数年都陷入债务当中"。伯恩说，在北美，"庞
大的开销不是用于购置新娘，而是购置房产，巨额债
务就是房贷，而银行则扮演亲戚的角色。还清房贷
给人以人生目标"。的确如此，我记得在我的童年时
期——应该是 20 世纪 40 年代？在浴室悬挂针织的小
格言框，上面写着"上帝保佑我们抵押的家"，一度
是时兴的做法。在那个时代，一旦还清房贷，人们会
举办烧毁房贷的聚会，而且在聚会上，房贷文件真的
会被放在烤架上或壁炉里烧成灰烬。

暂停一下，我补充一点，"房贷"（mortgage）的
意思是"死的抵押"，"mort"是法语中的"死"，"gage"
意思是"抵押物"，就像在中世纪的传奇故事中，骑
士扔下他的手套，以向另外一名骑士发起决斗的挑战。

手套或抵押物作为这家伙真的会如约出现，准备好
让你攻击他的脑袋，接受抵押物，表示你将承诺响应
挑战。这应该会让你对订婚戒指三思，因为它们也是
抵押物或担保品——当你向唯一的真爱献上这枚戒指
时，你实际上承诺的是什么呢？（或者，在当下，你
一系列真爱中的一个。就像我的一个朋友在一次婚礼
上说的，"他会成为一位非常好的第一任丈夫的"。）

回到房贷。使用房贷时，房子是抵押物——它被
用作担保物，但是，一旦房贷被偿清（discharged），
抵押物就"死了"。我也喜欢这里使用的"discharged"，
如果被捕之人获释出狱，也会说他被"discharged"（释
放）了。

因此，当每个人在玩"负债者"这一人生游戏时
都遵守规则，最终的结果就是"偿清房贷"。但是如
果他们不遵守游戏规则呢？每个孩子都知道，不遵守
规矩和作弊有关。但每个孩子也都知道，若说舞弊的
人发不了财，则一定是骗人的。无论是在游戏场还是
其他地方，有时候骗子百事亨通。

因此，存在一种不友好的、欺诈形式的"负债者"
游戏。伯恩称这一游戏形式为"设法要钱"（**Try and**

Collect），名字说明了一切。像他书中的其他欺骗游戏一样，不守规矩的玩家无论如何总是能赢取一些东西。基本上，负债者赊借大量物品，随后避免支付。与伯恩的其他欺诈游戏一样，"设法要钱"需要至少两名玩家，扮演与负债者对立的角色自然是债主。如果债主过于沮丧以至于放弃讨债，因而未能收回欠款，那么负债者就会免费获取某物。如果债主锲而不舍地讨要债务，游戏将成为一场激动人心的角逐。如果债主开始较真，诉诸诸如法律诉讼等极端手段，负债者就会觉得有权利义愤填膺，因为债主怎么可以如此既吝啬又贪婪。然后负债者可以把自己定位为一个受害者，将债主描绘成一位真正的恶人，他本性邪恶，因此不配得到偿付。

赊购货物、躲账逃债、刺激的追逐、恼恨债主、扮演受害者……这一切都刺激大脑产生化学反应，带来兴奋感作为奖赏。而且，每一事件均发挥功能，为"负债者"情节线这一人生故事提供关键元素。在塞缪尔·贝克特（Beckett）的剧本《等待戈多》（*Waiting for Godot*）中，为了消磨时间，落魄的流浪汉弗拉季米尔说起了刚刚目睹的不快场面，他的哥们儿爱斯特

拉冈搭话说："时间反正会过去的。"弗拉季米尔回应
道："不错，可是不会过得这么快。"不管其他属性如
何，债务好像具有娱乐价值，连对债务人本身也是如
此。就像老鼠愿意遭受电击一样，我们宁愿身遭痛苦，
也不愿等闲度日。

当债务成为主题的时候，还具有另外一种娱乐价
值，这里谈到的不是真实人生的故事线，而是虚构人
生的情节线。随着社会条件、阶级关系、财务环境以
及文学风尚的变化，这一债务故事的铺陈方式亦有所
不同，但债务自很久以前就存在于故事当中了。

我想先探究一位大家熟悉的人物，他举世闻名，
以至于跃出小说界，跨入另一明星界，成为电视广告
和广告牌中的大明星。他就是埃比尼泽·斯克鲁奇，
来自查尔斯·狄更斯的小说《圣诞颂歌》（*A Christ-
mas Carol*，又译《圣诞故事集》）。即便你没读过这本
书，没看过这部剧，也没看过关于斯克鲁奇的几部电
影，在大街上遇到他时，你还是很可能认出他来。"像
圣诞老人那样施舍，像斯克鲁奇那样储蓄"，广告词说。
然后我们就看见一个目光闪亮的可爱老头，告诉我们

如何锱铢必较、讨价还价，或向我们介绍其他省钱办
法。

其实，这则广告对比的两端，恰是两位斯克鲁奇。
一位是归正的斯克鲁奇，他大肆消费，标志着恩典的
降临和灵魂的得救；另一位是我们在故事的开端看到
的斯克鲁奇，一个极端的守财奴，只知道聚敛财富，
就连在自己身上花一个子儿都不肯，无论是美食、暖
气，还是保暖的外套，统统都不买。彼时，圣洁的修
道隐士吃面包，喝清水，生活在洞穴之中，对所有的
来访者说："呸！大骗子！"斯克鲁奇饮食节制，顿
顿以粥为食，这样的生活方式可能被视为敬虔的表
现，为时人所称道。但是这不适用于老朽小气的埃比
尼泽·斯克鲁奇，他的名字"Ebenezer"与"榨汁机"
（squeezer）和"怪老头"（geezer）谐音，姓氏则结合
了"胁迫"（screw）和"欺诈"（gouge）两个单词，
而作者本人对他的为人处世极其不以为然：

　　　　咳，斯克鲁奇这人才真是一个死不松手的吝啬
　　鬼！一个巧取豪夺、能搜善刮、贪得无厌的老黑心！
　　又硬又厉害，像一块打火石，随便哪种钢从它上面

都打不出什么火星来；行迹隐秘，沉默寡言，孤单
单的，像一只牡蛎。他心中的冷酷，使得他那苍老
的五官冻结了起来，尖鼻子冻坏了，脸颊干瘪了，
步子也僵硬了；使得他的眼睛发红，薄薄的嘴唇发
青；说话精明刻薄，声音尖锐刺耳……无论怎样炎
热都不能够使他温暖，无论怎样酷寒也不能够使他
发冷。随便风刮得怎样凶，也比不上他的心那样狠；
随便雪下得怎样猛，也比不上他求财之心那样迫切；
随便雨下得怎样大，也比不上他那样从来不听人恳
求……连瞎子养的狗似乎都认得他，一看见他走过
来，就赶快拖着它们的主人躲到门洞子里，或者跑
进院子里去；接着它们还会摇摇尾巴，仿佛在说："失
明的主人啊，生着一双凶恶的眼睛，还不如没有眼
睛的好！"[2]

读者不止一次得到提示，不管是有意还是无意，
斯克鲁奇已经和撒旦签订了契约。他不仅被认为拥有
邪恶之眼，即卖给撒旦女巫的传统标志，还被指控崇
拜一座金色偶像。而且，在他夜间的幻想中，他潜入

2　译文选自狄更斯《圣诞故事集》，汪倜然译，上海译文出版社，2009 年版。

自己的未来，溜入他之前的办公场所，唯一听到的对他自己的评论就是："……嗨，老魔到底得手没有？"老魔当然就是撒旦。如果斯克鲁奇没有完全意识到他签订了契约，作者本人无疑意识到了。

但这是一个奇怪的契约。撒旦得到了斯克鲁奇，但斯克鲁奇除了钱什么都没得到，而且他除了蹲守着他的钱财之外，也没用它做什么。

斯克鲁奇有一些有趣的文学祖先。开与魔鬼签订契约之先河的并非吝啬鬼，其实恰恰相反。16 世纪末，克里斯托弗·马洛的浮士德博士用血与魔鬼靡非斯特菲勒斯签下契约，出卖他的肉身和灵魂，以 24 年为期限，但他要的价码可不低。他列出巍然壮观的心愿清单，包含几乎一切今日名流能从时尚杂志上看到的奢侈品。浮士德要到处旅行，要富可敌国，要知识，要权力，要报仇雪恨，要和导致特洛伊战争的美人海伦的化身做爱。在男性奢侈品杂志中，虽然没有海伦的名字，但是她带着其他的名字出现，可见欲求还是一致的：美若天仙的女人，或者，比较糟糕的是，她是妖怪假扮的，但火辣异常，至少男人们都这么说。

马洛的浮士德博士不小气，不贪婪，不爱财。他

不光追逐财富，他还想把钱花到他想花的地方。他有
喜欢与他相伴的大把朋友，他出手大方，屡屡慷慨解
囊，他钟爱美酒佳肴、欢乐派对，喜欢恶作剧，利用
手中的权力，他至少拯救了一名濒死之人。实际上，
他的行为和斯克鲁奇很像，那个得到救赎的斯克鲁奇。
得救后的斯克鲁奇花钱买肥硕火鸡，咯咯傻笑，跟书
记员鲍勃·克莱切特开玩笑，参加外甥的圣诞聚会，
加入室内游戏，还拯救了鲍勃跛脚的孩子小蒂姆。这
让我们不禁怀疑，斯克鲁奇是否真的没有从他的远祖
浮士德博士那里遗传到喜欢吃喝玩乐的潜在基因。这
种基因只是等待外在环境的启动罢了。（当然，斯克
鲁奇并没有与特洛伊的海伦的化身做爱。他实在是老
皱巴了。因为未婚妻没有足够的钱，他就抛弃了她，
其后他便献身于账房之内的罪恶生涯，除此之外，不
再犯其他的罪过，他已经脱离色性生活太久了。他唯
一做过的，就是在他外甥家里对着一位年轻女孩儿抛
媚眼，对她嚷:"美女，你真漂亮！"就像《花花公子》
杂志老板休·海夫纳（Hugh Hefner）会做的那样。即
便这种调戏都用一种长辈的亲切方式：斯克鲁奇不会
去掐人家的屁股，更不会去捏人家脸蛋儿。）

狄更斯是否有意识地将斯克鲁奇创作成与浮士德相反的人物？他肯定从英国的哑剧中知道了浮士德的故事——他是忠实的哑剧迷，而在他写作《圣诞颂歌》之前，浮士德仍然在哑剧舞台上颇为流行。二者之间的相似之处如此之多，很难让人不把他们联系在一起：浮士德渴望在天空飞行，游历遥远的时空，斯克鲁奇畏惧飞行，但他们二人都做了时空旅行。他们都有雇员，浮士德优待瓦格纳，斯克鲁奇压榨鲍勃。二人都曾隐身参加欢乐聚会，浮士德制造混乱，斯克鲁奇循规蹈矩。马利（Marley）是斯克鲁奇的靡非斯特菲勒斯，随身携带自己的地狱四处游走，但他是来拯救斯克鲁奇的灵魂的，而不是来买下它的。过去、现在、未来三位圣诞魂灵扮演了他的助手魂灵的角色，尽管他们更像天使，而不是恶魔，如此等等。浮士德做的每件事，斯克鲁奇都反道而行。我确信有人已经就这一主题进行了更深入的探讨，若是这样，我很愿意知道结论。

继马洛的浮士德之后，下一个重要的浮士德形象当然非歌德（Goethe）笔下的莫属。这位浮士德同样欲望膨胀。正是这个版本激发了古诺（Gounod）[3]的灵感，在

---

3 古诺（1818—1893），法国作曲家，主要作品有《微风圆舞曲》《士兵进行曲》《圣母颂》《小夜曲》《浮士德》《罗密欧与朱丽叶》等。

他创作的同名歌剧中，可怜的玛格丽特为光亮璀璨的珠宝所诱惑。与马洛的浮士德不同，歌德的浮士德最终得到救赎，但就此而言，歌德并非发明了什么新事物，因为在数个更早的故事中，与撒旦签订契约的人有终获得救赎的例子。与撒旦签订契约的人挥霍无度、追求生活品质、渴求知识，不过，显然斯克鲁奇不是这一家族的后代。要寻找斯克鲁奇吝啬的爸爸或爷爷，我们需要谈谈美国作家华盛顿·欧文（Washington Irving）。

众所周知，狄更斯对华盛顿·欧文推崇备至，欧文比狄更斯早一个时代，在狄更斯生活的年代举世闻名。他最让人记忆深刻的是恐怖传奇故事《睡谷传奇》（*The Legend of Sleepy Hollow*），其中有关于无头骑士的故事，但他还创作了许多故事，狄更斯对它们如数家珍。其中一个故事名为《魔鬼和汤姆·沃克》（*The Devil and Tom Walker*）。在关于浮士德的叙事中，与撒旦签订契约之人生活奢华、出手豪阔，因而早期的浮士德们被打入了追随世俗生活，落入永罚的境地。但汤姆·沃克并无类似的喜好。相反，他的吝啬程度超乎你的想象。他和同样吝啬小气的妻子生活在沼泽之中，在那埋藏着一笔宝藏。一天汤姆遇到了一位黑

汉，欧文强调，他不是生来就是黑人，而是皮肤被熏
得黑黝黝的，他的黑来自煤灰。汤姆马上认出他来：

> "自打那些印第安人被你们这些白种野蛮人
> 消灭以来，"黑汉说，"我就操持着对贵格会和再
> 洗礼派教徒的迫害，以此消遣取乐；我是奴隶贩
> 子的大赞助人和鼓动者，也是塞勒姆巫师们的头
> 领。"

> "如果我没有搞错的话，最后的结论就是，"
> 汤姆毅然决然地说道，"你就是大家所说的魔鬼。"[4]

他的确是魔鬼。汤姆和魔鬼达成协议，魔鬼指示
海盗的黄金所藏的地方给汤姆，通常代价就是身体和
灵魂，但是他坚持，汤姆必须把金钱投资到他选定的
生意中。他想要汤姆从事奴隶买卖，但就连汤姆也觉
得这一行太可怕的，所以他们达成妥协，决定投资到
放债生意上。

---

4 《魔鬼和汤姆·沃克》的中文译文来自外语教学与研究出版社汉英双
语经典短篇在线图书，网址为：http://www.iyangcong.com/book/
detail/3291。

汤姆·沃克在波士顿的高利贷生意开业了。他的门口很快就挤满了客户。那些缺钱而敢于冒险的人，那些赌徒式的投机者，那些做着美梦的地产投机商，那些不会精打细算的零售商，还有那些信用败坏的商人——总之，凡是被逼得不惜任何手段和不惜任何代价筹集资金的人，都匆匆忙忙地奔到汤姆·沃克这里来了。

于是，汤姆就成了贫困者的共同朋友，而且表现得也像是大家的"患难之交"；换句话说，他总是索取高额的利息和抵押。他开出条件的苛刻程度是与申贷者的危难程度成正比的。他积聚了很多债券和抵押品，渐渐把客户压榨得越来越干，并最终把他们挤得干如海绵，赶出门去。

他以此种方式逐步而稳当地赚了钱，成为一个有钱有势的人，一到"交易所"就高举他的三角帽。为了炫耀财富，他照例为自己建造了一幢宏大的房子，可是由于吝啬，房子的一大半都没有建好，也没有摆设家具。在他的虚荣心极盛时期，他甚至还装备了一辆马车，不过他倒是差点把那些拉车的马饿死；而且，每当车轮由于没上油而在车轴上发出咯吱咯吱的刺耳尖叫声时，你就会以为听到的是那些可怜债务人的灵魂正被他压榨着的声音。

这就是斯克鲁奇模式：巨额的资金，苛刻的交易，无情地碾压处于危急中的人。炫富摆阔结合了贪婪吝啬。汤姆和斯克鲁奇一样，住在几无陈设的空荡荡的大房子里。但与见到鬼魂之前的斯克鲁奇不同，汤姆知道自己的灵魂处于危险之中，他开始经常去教堂，并随身携带《圣经》以保护自己躲避撒旦上门讨债。然而，他犯下错误，因为漫不经心地发下誓言，他召唤来撒旦，因为没带《圣经》在身边，他被抓了，他被黑汉带走，此后再也没有人见过他。

当这一切发生的时候，他所有的财富化为乌有。他的债券和房贷被发现"化为灰烬"，他的金子和银子成了木片和刨花，曾拉着他那辆嘎吱作响快要散架的马车的马匹变成了两具骷髅，大房子被烧为平地。华盛顿·欧文从民间故事中学到很多，在寻访仙境的传说中，一旦太阳升起，人们得到的黄金往往被发现是煤块。这让我们不禁好奇，这样的传说有多少来自处于致幻物质影响下的人的真实经历。我们发现，不义之财就像是醉后幻象，要么随着死亡的降临化为乌有，要么在从严重的宿醉中的清晨醒来后不翼而飞。

斯克鲁奇的财富就是如此。第三位访问斯克鲁奇的魂灵是未来圣诞魂灵，给斯克鲁奇展示了一幅场景，如果他继续他现在的所作所为，他自己死亡的场景就会如此。例如，他看见了一个贼窝——这是作者对斯克鲁奇自己的账房的绝妙反讽。斯克鲁奇生前的仆人正在将他的财物出售给一个销赃犯，他谙熟会计技巧，能及时算出欠款的总额。货物有："一两个图章、一个铅笔盒、一对袖扣，以及一个不大值钱的胸针"，还有斯克鲁奇下葬时要穿的衬衫也被从他的遗体上剥了下来，另外还有毯子和床罩。这就是命运。一定有人继承了斯克鲁奇的巨额财富，但故事中没有告诉我们这点。相反，我们被告知，猫抓扯着门，老鼠在壁炉下撕咬，斯克鲁奇的尸体平躺在床上，"遭人洗劫、被人遗忘、无人守护、没人哭泣、缺人照料……"[5] 这一景象一贫如洗，无论是物质上，还是精神上。

5　中文译文出自《圣诞颂歌》，吴均陶译，译林出版社，2013 年版，106 页。

　　但正如我们所知道的，故事的结局，斯克鲁奇得到了拯救，而更加慷慨和体恤的浮士德博士的身体则被撕成碎片，灵魂堕入地狱。为什么斯克鲁奇得着救赎的标志，例如买火鸡这样的行为，与导致浮士德下地狱的标志形式相同呢？可能是因为，在马洛之前的数百年，理想的基督教美德——诸如鄙视财富、禁欲主义、甘于贫困、遁世修行——的影响源远流长，在马洛写作的时候，这套美德因时代尚未久远而仍被看为圣洁的典范。当时，教会的官方教导是，富人进天国，比骆驼穿过针眼还要难。布道内容中会描述富人在地狱受煎烹，而穷人心满意足地在天国俯瞰的景象，其目的是让富人吐出钱财，捐纳给教会。

　　但在马洛和狄更斯之间，新教改革在英国取得全面的胜利，这一运动早已开始，随着亨利八世与教皇决裂，他的继任者解散修道院，这一运动采取了英国的形式，到了马洛的时代，这一形式表现为伊丽莎白一世成为英国国教首脑。接下来的两个世纪，新教徒继续发展壮大，到了19世纪，尽管英国的土地贵族仍然拥有很大权力，商人与工业家却逐渐取代他们成为最大的财阀。彼时如何看待财富呢？它还如同约伯时代一样，被视为上帝祝福的记号吗？或者如同修士和僧侣时代一样，被视为珍贵的毒药，是世俗和败坏的象征？长期以来，基督教的众派别就此问题争论不休。有人辩护道，纵然在地上骆驼不可能挤过针眼，但在天国一切皆有可能，所以为什么你不能在拥有大额银行账户的同时，在神圣的天国宴席中拥有一席之地呢？耶稣说："凭着他们的果子，就可以认出他们来。"他指的显然是圣灵的果子，但是一些护教论者怀疑这些果子也可能是物质上的，而富有被他们视为受神祝福和喜爱的记号，在今日美国，某些原教主义基督徒圈子里，也有人持有上述立场。

　　新教改革期间，发生了另一件事：高利贷——原意为对任何借款收取利息——对基督徒而言，不再居正式禁止之列。在这之前，基督徒银行从业人员为了绕过禁令，用其他的名字称呼他们的交易所得——就像今日伊斯兰银行从业人员一样。现在，犹如箱盖被打开，禁令被解除了。亨利八世之后，收取利息对英国基督徒而言成为合法行为，随后在其他国家，基督徒也可以合法取息，无数基督徒欣然跳入这一市场。曾有限定收取利息金额的大小的尝试，不过成效甚微，时至今日也是如此，我们有高利贷行业，还有信用卡借款的日利率。

19世纪，资本主义弹头在西方世界爆炸，财政弹片被炸得到处都是。很少有人真正了解资本主义的运行方式。它好似一个巨大的谜团，为什么有些人从未从事任何过去被称为"工作"的事，却变得非常富有？而迷信的人可能会相信，除了人类以外，还有某些手将恶魔的手指插入馅饼中，帮助兴旺却邪恶的资本家把李子掏了出来。由于没有任何调节机制，繁荣和萧条的周期频繁出现，加上没有社会安全网络，萧条期间，人民哀鸿遍野。而那些处于能从经济的回旋和起伏中获取利益的位置的人，则大发横财。（收取利息的禁令废除之后的几个世纪中，usury的意思从收取利息逐渐演变成收取高利。）汤姆·沃克和埃比尼泽·斯克鲁奇同为放贷者，都成了暴发户。

近代的原教主义基督教会，特别是美国南方的教会，认为罪很大程度上是肉体上的罪，特别是性犯罪，虽然酗酒和吸毒在那里也是犯罪的特征。天主教会也长期以来便把罪和性绑在一起。不管他们意欲如何，其效果都是将注意力从金钱犯罪转移到性犯罪上来。

但无论是华盛顿·欧文还是查尔斯·狄更斯，都没有谈论性犯罪的倾向。汤姆·沃克和埃比尼泽·斯克鲁奇性欲节制，他们的罪完全是因为崇拜玛门，即崇拜金牛犊。

马利生前是斯克鲁奇的商业伙伴，他死之后，他的鬼魂必须偿还他在世的罪债，这表明：死后称量心脏的法则，不仅适用于古埃及，也适用于中世纪的基督教。这些罪无一涉及与特洛伊的海伦调情，而全部来自无情的商业实践，这是斯克鲁奇和 19 世纪肆无忌惮的资本主义所共有的特征。马利被一条由"钱箱、钥匙、挂锁、账簿、契约和钢制的沉重钱包"制成的长锁链拴着。他告诉斯克鲁奇，他被自己活着的时候亲手打造的锁链束缚。束缚和奴役往往与债务相伴而生，以上是又一个例子，只是，现在戴上镣铐的竟是债主。沉迷于盘剥的高利贷金融生意既是精神犯罪，也是物质犯罪，因为这需要对他人的需要和苦难保持漠然冷酷的态度，并囚禁自己心中的罪人。

书的结尾，斯克鲁奇从他钱箱的沉重锁链中解脱出来，他不再坐守在钱堆之上，而开始花钱。真的，他把钱花在别人身上，因此显示了狄更斯式叙事中最珍贵的身体部位——一颗敞开的心，不过这里的重点是他的确在花钱。如是在更早的年代，圣徒式的做法应是散尽家财，身披麻衣，手执托钵沿街乞讨。但是狄更斯一点也不反对斯克鲁奇做有钱人：实际上，从他第一部小说的主人公匹克威克先生开始，其作品中不乏讨人喜欢的有钱人形象。关键不在于你是否拥有财富，更不是你如何赚取财富：例如，遇鬼之后的斯克鲁奇并没有放弃他的生意，但我们不知道他是否仍然从事放债业务。真正关键的是，你如何使用你的财富。

　　斯克鲁奇犯下的大罪是冻结他的金钱。学过货币学的人都知道，金钱只有在流通时才有价值，因为它的全部价值体现在它所能换取的物品上。在这个世界上，像斯克鲁奇一样的人，拒绝用金钱进行任何交换，因而扰乱了运行机制：通货之所以被称为"通货"，是因为它必须流通。因此，斯克鲁奇的幸福结局，与资本主义所珍视的核心信仰完全一致。他的人生模式与安德鲁·卡耐基（Andrew Carnegie）并无二致——通过压榨和剥削攫取巨额财富，然后用于慈善事业。我们喜欢斯克鲁奇，部分是因为他符合愿望成真的法则，在这一法则下，总是牵涉免费的午餐和出狱证明，他体现了等式的两边，贪婪赚钱和开心花钱，结果却安然无恙。

　　狄更斯知不知道斯克鲁奇名字的意思呢？他的名字埃比尼泽（Ebenezer），意思是"有助益的岩石"。这指明了斯克鲁奇具有败坏和良善的两面。败坏的斯克鲁奇顽固、倔强、冷酷，而后浮现出的良善的斯克鲁奇则乐于助人。败坏的斯克鲁奇做那些我们更为自私的时候倾向做的事情——我们贪占一切，嘲笑乞丐。良善的斯克鲁奇做那些我们在手头阔绰时才真心希望做的事情——我们分享财富，愿意出手救助世界上所有的小蒂姆。

　　但是我们的现金不足，至少我们不断这样告诉自己。这也是为什么你站在门口，欺骗慈善工作者："我在办公室捐过了。"就像斯克鲁奇一样，两种人你都想做。

　　斯克鲁奇是 19 世纪超凡绝伦的人物，而正是在 19 世纪，小说的书页当中，债务故事成为一时之盛。

　　少不更事时，我以为 19 世纪的小说情节为爱所

驱动。但现在，我更复杂，也更成熟了，我明白它
也受金钱所驱动，其实无论爱情的美德如何在理想
主义的高空飘舞，小说中金钱都比爱情处于更加核
心的地位。在《呼啸山庄》（*Wuthering Heights*）中，
希斯克利夫炽烈地爱着凯瑟琳，并恨恶他的竞争对
手林顿，但他能够用于施展爱和恨的武器是金钱，
而扭转他的地位的是债务：通过让呼啸山庄的主人
对他欠下债务，他成为山庄的新主人。类似的情节
在一部又一部小说中出现。19 世纪，最解恨的报复
不再是看到敌人的血流满地、一片猩红，而是看到
他的资产负债表上满是赤字。

20 世纪的心理学家不只从古代神话中汲取灵感，
他们也受 19 世纪的艺术家们的启发。弗洛伊德认为，
"诗人（不仅仅是诗人，还包括任何叙事形式文体的
创造者）的智识水平远超我们一般人"。弗洛伊德本
人即从希腊语剧作和《圣经》传奇故事中汲取很多营
养，也受益于易卜生（Ibsen）颇多。荣格（Jung）深
受日耳曼民间传说的影响，又沉浸于灵魂戏剧——如
芭蕾舞剧《吉赛尔》（*Giselle*）和《天鹅湖》（*Swan*

Lake）——之中。如若不去讨论天上或阴间的是非，而是想了解人间之事——想了解阿德勒的精神动力分析，或想明了债务如何在社会中发展演变，最好的方式莫过于翻阅一批精选的 19 世纪准现实主义小说。

例如，艾瑞克·伯恩的"负债者"游戏的欺诈版本"设法要钱"在萨克雷（Thackeray）最为知名的小说《名利场》（*Vanity Fair*）中得到了最完美的诠释，该书于 1848 年出版。在书中，我们看到可怜的爱米丽亚·赛特笠（Amelia Sedley）经历家庭破产的凄楚境遇，也看到身世低微但机灵乖巧的蓓基·夏泼（Becky Sharp）作为一个女冒险家和淘金者，通过嫁给年轻时髦却处处不学好的贵族罗登·克劳莱（Rawdon Crawley）成功地步步爬上地位的阶梯。因为娶了蓓基，克劳莱惹恼了家人，来自家庭的资金支持被切断，于是靠着娴熟的打扑克和台球技巧养家糊口。在"全无收入的人怎么才能过好日子"这章，萨克雷详细描述了克劳莱一家的财务安排。本质上讲，蓓基和罗登以他们高贵的礼仪和社会地位迷惑了商人，结果，商人让他们赊欠，却再没有收到账款。蓓基尤其是"设法要钱"的熟练玩家，萨克雷评论道：

　　我常想不知有多少人家给克劳莱一类有本事
的家伙害得倾家荡产，甚至于渐渐堕落，干坏
事——不知有多少名门贵胄欺负小商人，不惜降
低了身份去哄骗穷苦的厮养，诈他们几个小钱，
为几个先令也肯耍不老实的把戏。当我们在报上
看见某某贵人到欧洲大陆去了，某某勋爵的房屋
充公了，其中一人甚至于欠了六七百万镑的债等
等，往往觉得他们亏空得有光彩，因为能够欠这
么一大笔钱，也是令人佩服的事。至于可怜的理
发司务给他们家的听差梳头洒粉，结果白辛苦一
场；可怜的木匠因为太太请早饭需要大帐篷和特
别的陈设，把自己弄得精穷；还有那给总管当差
的裁缝，那倒霉鬼，受了勋爵的嘱托，倾其所有，
甚至于还借了债，给他们家的用人做号衣——这
些做买卖的有谁同情呢？显赫的世家一旦倒塌下
来，这些可怜虫倒霉鬼就给压在下面，死了也没
人看见。从前有个传说里面打的譬喻很对：将要
掉在魔鬼手掌心里的人，惯常总要送些别的灵魂

先去遭殃。[6]

涓流经济理论（trickle-down theory of economics）认为，富人变得更加富有是件好事，富人无疑消费奢侈，他们的财富就此向下渗流至处于经济阶梯下层的人。需要注意的是，这一隐喻没有使用奔流的瀑布，而是用了漏水的水龙头。正如语言所揭示的，即便对这一概念最乐观的背书人，其想象中的水源也不充沛。但是无论是人类想象的诸种事物，还是人类生活中的每样事物，都有正面和负面两个版本。如果财富的涓流理论是正面的版本，那么债务的涓流理论就是负面的版本。背负如山债务的人涓滴留下的债务，对其本身而言可能并非多大负担，但对被这些债务滴到的人而言，却可能是天文数字。可怜的拉哥尔斯先生将房子租给克劳莱，却从未收到一分钱房租，当克劳莱一家分崩离析，逃之夭夭之时，他也随之落得倾家荡产，一贫如洗。

"浮华市集"这个名字，来自约翰·班扬（John

6　中文译文出自《名利场》（下册），杨必译，人民文学出版社，1957年版，506页。

Bunyan）的《天路历程》(*The Pilgrim's Progress*) 中的同名城市。它不仅代表着《传道书》中所说的"虚空的虚空，一切都是虚空"，尤其代表着世俗领域或精神或物质的商品，以及一切皆可出售的心灵状态。班扬列出的浮华市集供应的商品有：房子、地皮、职业、位置、荣誉、升迁、爵位、国家、王国、欲望、快乐以及各种享受，如娼妓、鸨母、丈夫、儿女、主人、奴仆、生命、鲜血、肉体、灵魂、金银、珍珠、宝石，等等。

诸如此类，对吧？每一个人类社会都对什么可以买卖设了限制，但是在班扬的浮华市集中，没有任何限制。不仅如此，班扬还说，每一位旅行者都必须通过那里。这是邪恶无比之地，"变戏法的、骗子、斗技、赌博、小丑、仿效人的人、无赖、恶棍"无所不有，还有"偷窃的、谋杀的、通奸的、发假誓的人，令人触目惊心"。实际上，浮华市集是地狱的边缘地带，通过市集的旅程的末了，将会目睹可怕的折磨和肢解。这是由于震惊产生的幻象，震惊则出于旧世界信仰对新世界信仰的抨击。在这个新世界中，商业被拥立为王，并成为拥有绝对权力的专制君主。而在旧秩序中，仍保有美德和忠诚，例如信仰、希望、慈善等价值仍被置于金钱之上。那些忠于旧秩序之人一定感到绝望，因为玛门即将取得胜利，而班扬笔下市集中阴森的商场，成为对这种绝望的绝佳呈现。在他眼中，新的金钱世界是毁灭之城，你能采取的最重要的行动就是尽快离开。

然而，到了 19 世纪中期，改革已然是遥远的过去。敬虔的循规蹈矩太太(Mrs. Grundyism)大有人在。她们管钢琴腿不叫钢琴腿，叫钢琴肢，因为"腿"未免让人想入非非。而且，如果一个年轻男士刚刚起身，有教养的淑女从来不会坐在他刚刚坐过的椅子上，生怕诱发情欲的体温仍残留在椅垫上。但是，功成名就的牧师知道趋利避害，不会厉声谴责财富之恶。班扬的叙事语气直接、热切、愤懑，也有人可能会说他天真、轻信;而萨克雷的叙事口吻则迂回徐缓、老于世情，忠于记录事情百态的本来面目。萨克雷告诉我们，他的小说是一部木偶剧，在木偶剧中，角色比观众微小，为提供消遣娱乐而存在，而不是提升我们的道德。因此萨克雷的《名利场》是部喜剧小说，或者至少是部讽刺小说。罗登·克劳莱和蓓基·夏泼既欺诈，又偷盗，却逃脱了惩罚。实际上他们的确逃脱了制裁，因为两人各自逃离了同谋干坏事的地方，去往英国之外的国家生活了。

蓓基·夏泼和罗登·克劳莱的故事是伯恩"设法要钱"游戏的喜剧版本，但 19 世纪的大多数对债务的处理要阴暗得多。以债务为主题的小说俯拾皆是，以至于很难拣选案例。我们要进入狄更斯笔下《小杜丽》（*Little Dorrit*）的世界，体验生于债务监狱中的生活？还是要在《汤姆叔叔的小屋》（*Uncle Tom's Cabin*）中追寻匆忙签下契约，以致卖身抵债的后果？是要重演《董贝父子》（*Dombey and Son*）的剧情，堕入巨额财富破产的深渊？还是要向前回溯几十年，沉浸于乔治·吉辛（George Gissing）描写繁荣单调的抄写生涯的犀利写实的小说《新寒士街》（*New Grub Street*）中，体味两位志存高远而最终破产身亡的作家的悲惨命运？

或者我们探讨下债务对女性造成的影响？不妨从福楼拜（Flaubert）出版于 1857 年的小说《包法利夫人》（*Madame Bovary*）开始。小说讲述的是一位农家妻子沉湎于浪漫爱情和婚外性事，并浪掷钱财以打发无聊的生活，双面生活让她终尝苦果，被拖欠的债主威胁要揭发她，走投无路的她服毒自尽。因为情节淫秽，这本书被送到法院接受审理，福楼拜以爱玛死后尸首面目狰狞为例，辩称该书具有内在的道德准则。性犯罪的代价是服下砒霜，丧失性命，毁去容颜。但这是障眼法。爱玛不是因为性受惩罚，而是因为她购物成狂。假使她学会复式记账，并制定相应预算，她可轻而易举地通奸一辈子——或至少到她乳房下垂之前，不过她行事应再朴素一些。

或者，我们也许应该横渡大西洋，追寻伊迪丝·华顿（Edith Wharton）的《欢乐之家》（*House of Mirth*）中莉莉·芭特的悲惨命运。如果她知道更多的债务管理的技巧，就不用像包法利夫人一样服毒自杀。行事鲁莽的莉莉没有对一报还一报的原则深思熟虑。如果一个男人借给你钱，却不要你的利息，他要的一定是其他的报偿。莉莉拒绝偿还，也拒绝曝光记有虚伪朋友的秘密的信件来换取金钱，因此在这个世俗的世界中，她已走投无路。一如她的名字，莉莉·芭特像百合花一样纯洁，但太过单纯，无法如她姓氏所暗示的那样进行物物交换。她曾经一度想在婚姻市场上售卖自己，但她一贫如洗，因而售价不会高，她既不喜欢素质低劣的潜在竞标人，名声又遭到不公平地抹黑，谁又愿意要一件折损的商品呢？

这部小说让我们反思"沦落"（ruin）在 19 世纪的两种含义。对 19 世纪的男人而言，沦落是财务上的破产，男人欠下超出偿付能力的债务，法警和拥有抵押权的人登门取走其财产，以至于男人不得不落魄街头。对 19 世纪的女人而言，沦落主要意味着性沦落。无论是否出于自愿，婚前性行为，甚至被认为有过婚前性行为，均可算作沦落，而如果女孩子能让自己的账户财富增加，这种完全不意味着经济上的沦落。以下引用托马斯·哈代（Thomas Hardy）的讽刺诗《沦落的姑娘》（*The Ruined Maid*）：

> "哦，亲爱的玛利亚，真妙，
> 在城里相逢，谁会想到，
> 哪里弄来这身艳丽的衣裳？"
> "噢，"她说，"我已沦落，难道你不知道？"

> ——"离家时，你衣衫破烂，鞋袜没有一双，

厌挖番芋，厌锄野草，

现在却披金戴银，衣着华俏。"

"是呀，"她说，"沦落的人就是这般束装。"

"你过去的手粗得像双爪，脸色憔悴苍白，

现在这模样真让人神魂颠倒，

带着小巧的手套，和贵妇人一模一样！"

"沦落的人，"她说，"不再辛劳。"

……

"我多想也有漂亮的仪表，华丽的长袍，

众多的服饰，能过市炫耀！"

"哦，亲爱的，"她说，"不懂事的乡下姑娘，

千万不要这样想，你还没有沦落。"[7]

　　就我们探讨的主题而言，这首诗为我们指出了最
具代表性的小说——一部结合了债务、财务破产与沦

7　中文译文出自《哈代精选集》，潘雯译，山东文艺出版社，1998 年版，
641—642 页。

落风尘的小说。这部小说就是乔治·艾略特（George Eliot）的《弗洛斯河上的磨坊》（*The Mill on the Floss*），其情节如下：

磨坊主人杜利弗（Tulliver）先生的两个孩子，玛吉和汤姆住在弗洛斯河畔的道尔考特磨坊，这家水磨坊将小麦加工成面粉……

但这里我得有言在先。因为玛吉·杜利弗是磨坊主的女儿，而不是什么文具商或水管工的女人，这让事情有所不同。因为作为磨坊主之女具有深重的神话象征意义，磨坊主也是，实际上磨坊也是，所以我要稍微谈谈磨坊。

磨坊、磨坊主、磨坊主之女。我将依这样的顺序讨论。

水磨坊历史悠久。在西方要追溯到希腊与罗马时代，当时，有关水磨坊的观点基本是正面的，因为它们取代了人工劳动力——通常而言是奴隶工人，例如被挖掉眼睛的参孙。水磨坊也取代了畜力。它们为英国的盎格鲁－撒克逊人所使用，也广泛存在于中世纪。在此期间的某一刻开始，它们染上了含混不清的名声。首先，它们是一种机械装置，迷信的农民既艳羡它们，

"但愿我也有一座！"，又不信赖它们："自动运转之
物一定被施了魔咒。"磨坊或许也带来了恐惧，例如，
"如果它失控了怎么办"或"我怎么才能关掉它"，等等。
关于这种恐惧的现代例子，不妨想想早期的机器人电
影，或者回想一下你第一次使用美膳雅牌多功能厨具
时的情景。

　　有关魔法磨坊及其不能停止运转的习惯，是民间
传说广泛流传的母题。一位贫穷的农民得到一台手推
磨，它可以自动运转，并磨出任何你想要的东西，因
此农民变得富有。但是别人得到了这台磨，用它来磨
想要的东西——在《格林童话》中是麦片粥，然而不
能让它停止，于是麦片粥盛满了房子，接着又淹没了
街道——想想就恐怖。这一情节非常接近于《魔法师
的学徒》(Sorcerer's Apprentice)的主题，你最近一次
可能是在迪士尼电影《幻想曲》(Fantasia)看到过这
一动画段落，其中，米老鼠扮演学徒，停不下来的机
器人则是一把用桶帮它打水的扫帚。故事的寓意是，
当心免费的午餐，因为世上没有这么便宜的好事，一
定暗藏诡计。赫尔墨斯是骗术之神，司掌骗术、谎言、
盗贼、交通、贸易等一切移动或流动之物，但他也是

机械之神，司掌像磨坊这样的设备。

我小时候，读过安德鲁·朗格（Andrew Lang）[8]的《蓝色童话》（*Blue Fairy Book*），其中一篇关于一台神奇的碾磨的故事：一位农夫到死人堡做了一笔交易，得到一台碾磨，他得到碾磨，死人得到火腿。这个故事在两方面合乎情理：一则在民间传说中，死者总感觉饿；二则新奇的装置因其神秘的特质，很可能来自另外一个世界，不管这个世界叫什么。狡猾的农夫告诉碾磨磨出黄金，黄金就磨出来了。磨出的黄金如此之多，农夫富有的哥哥开始嫉妒他。富有的哥哥设法买下碾磨，命令它磨几条鲱鱼出来，但是他忘了问怎么关掉它，于是被鲱鱼淹没。最终，一位海船船长买下了碾磨，它要求它磨出盐来，如此他就可以卖盐，而不用一直出海。但是他也找不到关闭的闸门，于是他就把这个邪恶之物带至远海，扔出船外。此时此刻，它沉到了海底，继续磨个不停，这就是为什么海水是咸的。

8　安德鲁·朗格（1844—1912），英国著名文学家、历史学家、诗人、民俗学家。以研究神话、民间传说闻名于世，编辑出版有《蓝色童话》《绿色童话》《红色童话》《黄色童话》等 11 部《彩色童话集》。

所以现在你知道了。

接着，你可以问自己，为什么理想主义者堂·吉诃德攻击风车磨坊，并相信它们是邪恶的巨人？为什么他不去攻击其他高大的物体，例如树或者塔呢？但你已经知道了答案。风车磨坊自行运转不休，具有摧毁事物的无情力量，再加上它们有磨坊所固有的邪恶名声。[在克里斯托贝尔·哈夫特（Cristóbal Halffter）令人赞叹的歌剧《堂·吉诃德》（*Don Quijote*）中，报社充任磨坊的角色。概念相同，只不过现在磨坊源源不断磨出的是真真假假的新闻和讹传。] 还有，堂·吉诃德凭直觉感知，磨坊预示着将要到来的工业革命；对像他这样行侠仗义的浪漫派而言，工业革命，以及随之而来的一切都是噩耗。这就像浮华市集对于笃信宗教的浪漫派约翰·班扬而言是坏消息一样。

威廉·布莱克（William Blake）在磨坊中看到了同样极端邪恶的品质，他在其著名的诗篇《耶路撒冷》（*Jerusalem*）中提到了"撒旦阴暗的磨坊"，在他写下这首诗的时代，磨坊不仅磨出面粉，还制作织物，这个过程吞噬了大批病弱的为工资劳力的奴隶。不过，布莱克的磨坊所伴随的是磨坊业已形成的邪恶名声，这一名声承自磨坊长久以来的继承线，并继而贯穿整个 19 世纪，编织出工业革命的证据，代表作品有盖斯凯尔夫人（Elizabeth Gaskell）描写磨坊小镇的经典《玛丽·巴顿》（*Mary Barton*），以及加拿大作家弗雷德利克·菲利普·格罗夫（Frederick Philip Grove）描绘大亨传奇的《磨坊主》（*The Master of the Mill*）。

现在轮到磨坊主了。我上三年级时，学校还有歌唱课。学校应该重拾这样的课程，因为现在脑科专家告诉我们，唱歌这件事不是没用的摆设，而是青少年神经中枢发育所必要的协助。歌曲形式简短，可让孩子更聪明。总之，当时的唱歌课上，我们唱了一些奇怪的歌。其中有一首叫《迪河的磨坊主》（*The Miller of Dee*），我学到的歌词是这样的：

> 有位快乐的磨坊主
> 住在迪河旁；
> 他一边工作，一边歌唱，从早晨直到晚上，
> 比云雀还快乐；
> 歌声中有一段副歌
> 不断重复着：

　　　　我谁都不关心，谁都不在乎，

　　　　也没人在乎我。

　　为什么？我很好奇，难道没有人考虑过这种反社
会的榜样对小小年纪的歌唱者而言是否合宜吗？存在
一些净化过的版本，其中如果没有人在乎磨坊主，他
也就不关心任何人，磨坊主被树立为坚韧的、经济
独立的英国自耕农形象。但在我学过的版本最有可能
是原初的版本，其中磨坊主不关心其他任何人。杰西
卡·班克斯（Jessica Banks）在其题为"新旧民谣中
的磨坊与磨坊主"的文章中告诉我们，在民俗故事中，
磨坊主经常被描述为从农民那里偷盗的小偷、骗子，
他们缺斤短两，时时背地里将磨出的面粉刮取一些以
为己用。有一句17世纪的谚语说："把一个磨坊主、
一个纺织工、一个裁缝一起放在一个袋子里，摇一摇，
第一个掉出来的是个小偷。"换句话说，这三种职业
都有盗窃的嫌疑。为什么？因为，与种植某种作物或
制作某种产品不同，这三种职业都隶属加工业。前者
的产品可见可摸，一目了然；而你谷子被磨成面粉，
你的纱线被织成布匹，你的布匹被裁成衣服，这些增

值服务的质量难以衡量，况且，有时候原材料还会被揩油。

乔叟（Chaucer）在《管家的故事》（*Reeve's Tale*）[9]中，就讲述了一个骗子磨坊主的故事。这位磨坊主家境殷实，傲慢自满。一次，两位大学职员（或学生）带着学校的麦子来磨面粉，磨坊主设法私吞本应属于他们的半斗麦粉。但正如其中一位所说，有一条规矩说得好，"一个人在某处受损，得在其他地方得到补偿"。于是他们以巧计分别诱骗磨坊主的妻子和女儿上床，以弥补他们的损失。这强调了一个事实，债务——尤其是牵涉受屈辱的一方的荣誉感的时候——不总是金钱可以抵偿的。

另一突出的事实是，做磨坊主的女儿很危险，因为很有可能因为磨坊主的恶行而深受其害。磨坊有暧昧不明的道德性质，磨坊主在民间传说中传承了邪恶的品性，二者结合必然招致祸端，而或许不经意间你也置身于麻烦中间。

格林童话中有一篇叫《没有手的姑娘》（*The Girl Without Hands*），故事如下：一个磨坊主发现自己陷入财务困境，终至一无所有的境地，除了磨坊和磨坊

9　参见《坎特伯雷故事集》，第三卷，《管家的故事》。

后的苹果树。一天磨坊主遇到一位陌生老人，他说他可以让磨坊主变得富有，而他所要的回报就立在磨坊后面。磨坊主以为他说的是苹果树，就签了书面合同。（应该强制性地让每个年轻的法学院学生阅读这篇故事，以警告他们不要在有法律效力的文件上使用暧昧不清的语言。）但是读者们已经知道了，这位陌生人就是老魔撒旦，除了他谁还会试探你签署这类近乎免费的午餐的契约呢？而立在磨坊后面的，是磨坊主的女儿。

　　合同的期限为三年，三年过去了，撒旦前来收取他应得的回报，想带走磨坊主的女儿。按照荣格的心理学术语，女儿是磨坊主灵魂良善的一面的替身。但是她是一位虔诚的女孩子，并把自己洗漱得干干净净，洁净与神圣等同，因此撒旦无法靠近她。撒旦命令磨坊主端走她的洗漱用水，以使她变脏，但她以手掩面，痛哭不止，所以她的手得以保持干净。所以撒旦命令砍掉她的手，她仍流泪不止，用同样的方式将身体上的污秽洗除。三是个吉利数，魔鬼讨价还价三次都没有得逞，只得放弃了。

　　余下的故事，讲述了磨坊主的女儿周游世界时所

发生的事。她不愿意与将她卖给魔鬼，并砍断她的
双手的父亲同住，对读者而言这不难理解。她得到
一位天使的保护，他帮助她吃到了国王果园中的一
个梨子，而这促成了她和国王的婚姻，国王帮她制
作了一双银手。但撒旦对她仍抱有兴趣，并尝试以
流传已久的方式杀害她，他三番两次用自己的信调
换王后与国王的往来信件，先诬陷王后生了一个妖
怪——这通常是女子邪恶和不贞的信号，又矫诏处
死她。随后她离开王宫，漂流世间，得到第二位守
护天使的照顾。《没有手的姑娘》是个童话故事，因
而她的结局十分完满，她得以和国王恢复婚姻，并
养育一位可爱的孩子，而且，因为她是如此善良，
她被砍掉的双手也重新长出来了。

　　乔治·艾略特的《弗洛斯河上的磨坊》不是童话
故事。玛吉和汤姆和他们的父亲杜利弗先生一起生活
在道尔考特磨坊。父亲是磨坊主，发现自己陷入财务
困难，他没有遇上撒旦，也没有签署什么合约，却做
了在19世纪无异于与魔鬼签约之事。他固执己见，官
司打个不停，将自己和家人推入危险当中。官司均与
弗洛斯河河水的使用权有关，他对抗诸如水坝和灌溉

项目，深信这些项目的建设会影响流向磨坊的水流。
他的对手们请的是威克姆律师，而杜利弗将他所有的
愤怒和怨恨都集中发泄到这位律师身上。

艾略特一再告诉我们，杜利弗是一位诚实的磨
坊主。她必须一再提醒我们，因为他的诚实在磨坊
主里是非典型的。他的敌人威克姆律师才是民间传
说中奸诈狡猾的磨坊主。实际上，他要了些手段，
最终买下了杜利弗的磨坊，成了磨坊主。如果杜利
弗多一些奸猾，就有可能抓住游戏规则。但事实是，
他只会大发雷霆，处事轻率鲁莽，结果被他斥之为"流
氓行径"的手段逼得走投无路。他输了最后一场官司，
必须支付高额花费并赔偿损失，他和家人就此背上
了债务。失去一切的打击，引发了他的中风，他一
度昏迷不醒。他失去了对之前抵押出去的磨坊的赎
回权，所有家产被查封、变卖，尚未成年的汤姆和
玛吉不得不退学，在环境严酷、人心狭隘的社会中
赚取薪水，艰难度日。

这部小说一般被解读为原型女性主义（pro-
to-feminist）小说，大体上，玛吉·杜利弗是一位先
于她的时代出生的女性，她聪明、冲动、理想主义，

充满激情却处处受阻。但如果我们将之解读为关于杜利弗先生的债务的故事呢？因为这一债务是小说的引擎，它推动了情节的展开，改变了角色的心态，决定了他们行动的范围。如果没有父亲的债务，玛吉或许能吸引到一位憨直的丈夫，但实际上她不名一文，在 19 世纪，一穷二白让她脆弱不堪。不管是过去还是现在，无论是购物还是婚配，没有钱都极大地限制一个人可选择的范围。在那个年代，妇女的机会有限，对她而言，几乎没有真正靠诚实劳动就能赚钱的行当，因此她无异于没有手的女孩。况且，她也不是一位熟练的女手艺人，就连她的针线活，也花样死板，乏善可陈。

她觉得孤独，感觉被抛弃，被世间的美好关闭在大门之外，随即痴缠于四角恋当中。威克姆律师的儿子菲利普爱着她，她爱着向她表妹露西求过婚的斯蒂芬，斯蒂芬爱着玛吉，玛吉又想忠于露西。结果，与没有手的姑娘一样，玛吉被误以为有过不正当的性行为。玛吉是敬虔的女孩，她与斯蒂芬断绝了来往，因为她觉得接受他并嫁给他，违背她的基督教原则，这样的行为不仅自私自利，而且背叛了她的表妹露西。

但是玛吉没有守护天使，于是就此沦落。几乎所有人都离弃了她，包括之前试图为她辩护的牧师，因为他教区的成员开始风言风语。特别是她所深爱的哥哥汤姆，心肠刚硬、无情无义，也对她弃之不顾。身为母亲的人，知道杜利弗太太一直支持玛吉，一定会感到欣慰。尽管这位老妇人的支持，远没有黑猩猩群体中年长母猩猩的权威。

但同时，不幸破产的杜利弗先生得以留在道尔考特磨坊担任经理。老板是他的敌人威克姆律师。威克姆买下磨坊，雇用杜利弗，这是一种复杂的复仇行动。艾略特说："富有成功之士，不时施以小小报复，作为偶尔的消遣，做起来轻松写意，于生意也无碍。而且，这样施以小小的非激情复仇，可以带来各种程度的愉悦，并对生活产生巨大的影响，大则能让有用之才进退无门，小则可在闲聊当中毁人清誉。"

这是复仇的涓流理论，威克姆享受参与这一过程……

　　　　做一件使杜利弗先生感到极其羞辱的事是有乐趣的——一种双重乐趣，不单是由露骨的恶意

组成，其中还夹杂着一种扬扬自得的滋味。看见
仇人受辱的确能让人感到满意，可是这跟看到敌
人被你的恩惠、你为了他而做的让步使他受辱所
感到的非常复杂的满意比起来，可就要乏味得多
了。复仇反而变成了德行，威克姆就有这个意思，
预备很体面地炫耀一下他的德行。[10]

为了留在他所钟爱的祖宅当中，也为了给他的妻
子带来些许安全感，杜利弗接受了工作。但是他怨
恨威克姆对他所做的一切，拒绝原谅后者，因为饶
恕正是"老魔支持流氓无赖的手段"。他让汤姆在家
里的《圣经》上写上，无论杜利弗还是汤姆都永远
不会原谅威克姆，而且他希望威克姆灾祸临头。玛
吉抗议说，"诅咒和心怀恶念是不道德的事"，她说
得对。用《圣经》做这一契约的写字纸尤为不吉利，
因为这是一纸契约，汤姆必须在上面签字。但是契
约的另一方是谁？上帝吗？我们对此表示怀疑。作
为缺乏仁慈本性的汤姆，对签署这样的契约却毫无

10 中文译文出自《弗洛斯河上的磨坊》，祝庆英、郑淑贞、方乐颜译，上海
译文出版社，2008 年，第 232 页。

内疚感。

汤姆得到了一份稳定的工作，通过不懈的努力和一些精明的交易，他挣到了足够的钱，偿清了父亲的债务。债务偿清的那天，杜利弗又遇到了威克姆律师，律师再次羞辱了他，但这次杜利弗觉得丢掉工作也无所谓，于是痛打了威克姆一顿，"让世界多一点公平"。之后他再次中风，弥留之际，他向古老的公平正义观念致以敬意，随后撒手人寰："我报了仇，我打了他，那样干很公平，除了公平之外，我也从来没有想过别的要求。"有些债务是金钱无法偿还的，这便是其中的一种。杜利弗欠了债，但同时他感觉自己也是债主：威克姆施以卑劣的手段，因而"亏欠"了杜利弗，这笔债必须用痛苦和羞辱来偿还。

杜利弗和威克姆之间的矛盾，我们之前就见识过：富有浪漫气质的纯良之辈，对抗巧言惑众、见利忘义的新兴剥削者。不过，曾经奸诈邪恶的磨坊和磨坊主如今站在了古朴天真的一面，而严苛的法律实践则站在了诡诈一端。权力从生产物质产品的人手里，移交到处理并管理契约的人的手里。赫尔墨斯是商业、盗贼、谎言、诡计、花招和机械装置之神，这次却站到了对立面。这一状况持续至今，我们不再开"骗子磨坊主"的玩笑了，但你知道多少个"骗子律师"的笑话呢？

堂·吉诃德晚景凄惨，杜利弗的下场也不比他好。杜利弗死后不久，汤姆和玛吉也离开人世，他们一起在洪水中溺亡，死前最后一刹那，他们重归于好。小时候，汤姆和玛吉常常阅读约翰·班扬的《天路历程》，就像书中的基督徒一样，他俩也跨过死亡之海，得到了最后的奖赏。正如格言所说，一死百债清，至少，对玛吉自认为亏欠露西的道德债务，这样说完全没错。

不过威克姆逃了出来，只是挨了顿打。就像我之前说的，这不是童话故事。

我以讨论作为我的人生故事的情节线的债务为开场白，这也是艾瑞克·伯恩在描述"负债者"这一人生游戏的各种变种时所采用的策略。

不过债务也在真实游戏中存在，这是一个古老的英国室内游戏。实际上，隐身的斯克鲁奇曾经在他外

甥的圣诞聚会上看到他们玩这个游戏。狄更斯如此安
排绝非偶然，因为魂灵给斯克鲁奇显现的每一件事，
都与他本人邪恶的生活有所关联。这一游戏就是"罚
物游戏"（Forfeits）。

　　"罚物游戏"有多种不同的玩法，就我们所知，以
下大概是其最古老及最完整的规则了：玩家围坐一圈，
其中一人被选为裁判。包括裁判，每位玩家提供一件
个人物品。选择一件物品，高举于裁判身后。朗诵如
下诗句：

　　　　好重好重悬头上，
　　　　我做什么赎回它？

　　在不知道物品归谁所有的情况下，裁判提名某种
绝活，接下来物主必须照此表演。而这游戏的欢愉之
处正在于随之而来的滑稽可笑的行为。

　　这个游戏傍依的现实模型有两种。第一种，也是
较为仁慈的一种是典当行，其中头上所悬重物为债务，
为赎回物品，必须偿还债务。但是，"redeem"（赎
回）的词根 deem 不仅有赐予身份意义上的命名的意

思，也有裁定之意。后一层意思与动词 "doom"（判决）有关。而罚没之物是指因为犯罪或轻微过失而失去的东西。因此"罚物游戏"的第二种也是更为凶险的模式，判处囚犯死刑，悬于头顶的重物是刽子手手中的斧头，等待救赎的是一条性命。

人类可以想象出的事物，包括债务，无一不可编排成游戏，以供娱乐。而且，反过来说，无论是多么无聊的游戏，人们都可以玩得严肃认真，有时甚至弄得很不愉快。如果你曾经和白发苍苍、不留情面的老人家打过社交桥牌，或者看过关于啦啦队员的母亲试图谋杀自己女儿的竞争对手的新闻，你就会了解这一点。在挑圆片的孩童游戏和滑铁卢战役的战争游戏之间，是曲棍球、橄榄球和类似的体育比赛。在比赛中，球迷高声喊叫"杀了他！"还仅仅是开玩笑而已。但是当比赛气氛紧张，选手们拼得你死我活的时候，游戏就成了艾瑞克·伯恩所谓的"残酷游戏"。在残酷游戏中，赌注很高，手段肮脏，而结果很可能是地板上的一摊脓血。

下一章，我将转向债务人与债权人的残酷游戏，这其中有报仇、犯罪、惩罚、宏观经济学、亿元巨债，以及债务驱动的革命。这章恰当的标题是"阴暗面"。

第四讲 阴暗面

我知道你在想什么：我们已经讨论了灵魂典当行、噬罪、撒旦的契约等，难道这些还不够阴暗吗？到底还能有多阴暗？还会阴暗很多，因为在变得更阴暗之前，是最阴暗的时刻。但别担心，我把充满希望的事物保留到本书的结尾，就像潘多拉盒子把希望放在盒底。

　　这一章我试图解决的问题是：如果人们不还债，会发生什么？或者还不起债，会发生什么？拒绝还债，会发生什么？然后呢？这一问题还延伸出另外一个问题，如果债务在本质上是不能以金钱偿还的债务，又会怎样呢？

　　我开始思考债务问题有很多原因，其中一个原因是我对一个短语的转折的困惑。现在很少听到这个说法了，但不时还能听到。以前经常有人说："他偿还了对社会的亏欠。"我们也常说："犯罪得不偿失。"乐观地认为，犯罪最终不会为罪犯带来任何奖赏；相反，这可能意味着一种悲观的光景：罪犯在犯罪之后逃离城镇，你却留在当地为他们的罪行负着代价，这些臭烂赖账鬼。

20 世纪 40 年代，我还是一个孩子的时候，读过一些蹩脚的恐怖犯罪漫画，其中体现了"犯罪得不偿失"。在这些大义凛然又令人毛骨悚然的叙事中，通常是在一个无影灯泡的独束光或汽车大灯的两道圆锥形强光的照射下，罪犯从事着种种犯罪勾当，然而最终总被抓个正着。这时某人会说："你们完蛋了。"（The jig's up）这让我感到更加疑惑，什么是吉格舞？那是一种爱尔兰舞吗？如果是，完蛋了（up or down）又意味着什么？又或者，罪犯在一阵着红黄火舌的机关枪扫射当中，血溅于墙，发出"呜啊"的惨叫。然而，如果他们不是被消灭，而是被逮捕，他们就被要求以另一种形式来付代价，他们必须做些什么来"为犯罪付代价"。

这句话让我想到存在一家犯罪超市，你可以随意浏览其中售卖的各种罪行，挑选你中意的，拿到收银台，找出你的现金或信用卡——罪行越大，价格越贵——付钱，然后愉快地走出来实施犯罪。过去的确有类似的犯罪超市存在，天主教会曾经出售赎罪券，人们不用预付款，而是等到干了坏事之后再付钱。与此类似的商品现在仍能买到，但名称不一：地狱天使、黑手党，还有许多其他可以雇用来代你犯罪的组织。我听说，规矩是先付一半，事成之后再付另一半。但通常而言，"为犯罪付代价"不是这个意思。

与其类似，"向社会还债"通常不是指交付罚款，而是指被判处死刑或徒刑。正如之前我们所讨论的，借贷双方犹如连体双胞胎，被置于天平的两端衡量，当所有的债务偿清时，就达到了平衡的状态。如果被处以死刑或加以囚禁的人是被人认为亏欠某人某物的负债者，而债主是社会，那么社会如何从死刑或监禁中获益呢？获取的利益肯定不是可以金钱衡量的，因为审判、关押、砍头、开膛、火刑、施以电刑让人耳朵冒烟等等这些可不便宜。因此，一定有其他种类的赔偿预期。

如我们仍然严格按照摩西律法，执行以眼还眼的制度安排，那么死刑还有些意义——如果被执行死刑的人谋杀了别人的话。一具尸体抵偿另一具尸体，于是天平就平衡了。但是坐牢服刑的刑期与何事物等价，则不是那么明显的事。这就是在不同的时代、不同的地域对同样的犯罪量刑刑期差异如此之大的原因。社会所得到的物质利益不仅仅是零，而是远远低于零，因为实际付出代价的，不是被囚禁的罪犯，而是广大纳税人。收人坐监有两个常听到的理由：一是杀鸡儆猴，以威慑其他潜在的作奸犯科者；二是提升坐牢者的道德水平。然而从金钱方面衡量，收监看起来效果并不好。教育是更理想、更便宜的威慑手段，社区服务是更有效、更经济的道德改良剂。

　　哀哉，这种所谓的"为犯罪付代价"实际上等同于复仇。借方是犯罪及其可能给他人带来的毁坏，贷方是自以为义、沾沾自喜，以及人渣败类罪有应得等心理。双方完全无法真正地换算成现金，以达到彼此的平衡。同样，有些债务绝非金钱之债，而是荣誉之债。因为这些债务的存在，其他形式的偿付方式被认为必须存在，而且这些形式通常都伴随着对他人的肉体施加卑劣的手段，给他们带去或沉钝或尖锐的痛苦。哈姆雷特父亲的鬼魂说："哈姆雷特，你要记住。"但他的意思绝不是哈姆雷特应该对克劳狄斯说："你谋杀了我的父亲，所以给我一千银币。"他的意思是，除非克劳狄斯死了，否则这笔账无法勾销，而且克劳狄斯老迈而终也不成，他必须死在哈姆雷特复仇的手上才行。

　　复仇是令人着迷的话题。对那些曾经在桌子底下用脚踢过兄弟姐妹，随后遭到更重的一脚的人，以及那些扔出一团雪球却收回一块石头的人来说，复仇的话题非常有吸引力。我相信你一定愿意听闻这样的话题，最好加上例子。例如，被抛弃的女朋友潜入前男友的公寓，在他昂贵的名牌领带上割出心形孔洞，在他卧室的窗帘上抹上凤尾鱼糊。被甩了的男朋友给旧日的恋人送去一打系着黑缎带的葬礼花圈，并附上花圈的账单。或者，更过分的是，这家伙报了警，说他前任家里有具死尸，但是对方不承认，假装那里没有死尸，于是警察就需要申请搜查了，又或者——在富有教养的加拿大社会，儿童不允许玩这一游戏——在仍然按照老规矩解决旧日血仇的国家，将一具血肉模糊的尸体摆在别人家门口台阶上。这些事情无法量化，就像艺术，只能对其做出主观评价。所以，无法判断任何给定的复仇行为是否实际上平衡了天平。于是，复仇可以很快变成一长串的复仇反应，一次比一次恶毒。

　　但是，复仇的主题我将延后讨论。复仇不仅仅是一道更适合冷食的菜肴，它也将带我们踏上恐怖的暗黑隧道之旅，进入更加幽暗、更多尸骨散落的人类心灵的角落，这样的经验应该留置最后。首先，我们将在阴暗之地的轻松外围，继续我们相对欢快的旅程：讨论本质上严格属于金融性质的债务，在未得到偿付时的各种后果。

　　如果你欠下一笔合法的金钱债务，却不还钱，会发生什么呢？不还钱可能有两种情况，"还不起"或"不想还"，就像法国的家长对他们的孩子说的："Tu ne peux pas, ou tu ne veux pas？"意思是"你不能，还是你不想？"无论如何，不同的社会拥有数不清的刀锯斧凿等刑具，用不完的掴打挝揉等毒辣手段，让负债者把钱吐出来：因为如果没有手中的长剑，少了重重击打你的手腕的手段，正义女神就一点权威都没有。

　　在过去，针对未偿债务存在许多严厉的惩罚，包括诸如债务奴隶制度和查封资产等手段。在英国，从17世纪直到19世纪初，债主可以让你遭到逮捕，控告你隐匿财产，然后把你扔进拥挤不堪、潮湿肮脏的债务监狱，除非你偿清欠款，或有人帮你付清债务将你保释出来，不然你就得忍受牢狱之苦。而且坐牢期

间，你还得自己支付饮食起居的费用——考虑到你是
因为没钱而被监禁，这真是残酷的折磨。所以，除非
有人前来救你，否则你大有可能冻饿而死。18 世纪令
人敬仰的作家约翰逊博士（Doctor Samuel Johnson）[1]
对债务人监狱有以下评论：

> 继续运营经验证明毫无效果的机构徒然无
> 益。我们监禁了一代又一代的负债者，却没有
> 发现他们的数量有任何减少。现在我们已经了
> 然，将人收监并未减少轻率鲁莽的赊借行为；不
> 妨拭目以待，这样做是不是更容易阻止欺诈和贪
> 婪……那些制定法律的人显然假定，每一笔欠款
> 都是负债者在犯罪。但事实是，债主总是参与犯
> 罪，而且往往因为不恰当的信任，承担更多的罪
> 责。双方签订契约，各自承担债务借 / 贷压力，
> 以期使自己从中受益，而且协议是双方各自权衡
> 风险和利益的比例之后一致商定，结果一方要把

1　约翰逊博士于 1728 年进入牛津大学，但因贫困在 1731 年辍学，没能拿
到学位。在《词典》发表以后，牛津大学给他颁发了荣誉博士学位，因此人
们称他为"约翰逊博士"。

另一方投入监狱，这样的事在其他情况下罕有发生。而且毫无道理的是，因为一纸双方同意的契约，一方却去惩罚另一方。

换句话说，如果他们的安排不起作用，借方和贷方都应该承担责任：因为前者为了借款危及了自身的安全，后者则为追求获利——假设为高额利润——从陷入绝望境地或铤而走险的借方那里寻找可乘之机。本着各自的个人利益，双方签订合约，如果合约履行失败，理应归咎于双方的错误判断和贪婪意念。约翰逊博士对被监禁的负债者持如此宽容理解的态度，很有可能是因为他自己也差点成为其中一员。

常见的情况是，在英国，债务人一家老小都跟他搬进监狱，妻子和孩子外出工作，以支付全家老小的食宿费用。这与 4000 年前的《汉穆拉比法典》中的规条极为相似，即债务人可以典妻卖子以偿还债务。也与今日印度的卖身童工非常接近，据"人权观察"（Human Rights Watch）组织估计，童工数量达 1500 万，他们日复一日终日劳作，以偿还父母欠下的债务，而父母往往没有其他任何办法来偿还这些债务。但在 19

世纪的英国，用以指称这一儿童-家庭劳动力的词汇不是"奴隶"，"奴隶"乃是为主人声称完全占有另一人的情形而保留的。然而无论过去还是现在，儿童债务劳动力都是对自由的剥夺。

查尔斯·狄更斯的父亲被关押的地方是马夏尔西（Marshalsea）债务监狱，而 12 岁的查尔斯被迫辍学，到一家鞋油工厂打工，这一充满绝望的经历是他一生的阴影，常常萦绕于他的梦中。冷面冷心的浪子、英俊潇洒的破产者、一无是处的乞丐、绝望的债务囚犯遍布于他的作品中。而斯克鲁奇性格中吝啬的一面来自狄更斯本人，虽然许多时候他慷慨大方，但其实他为人锱铢必较，生怕走上他那挥霍无度的父亲的老路。

狄更斯小说中最著名的破产者是《大卫·科波菲尔》（*David Copperfield*）中的米考伯（Micawber）先生，据说其原型是狄更斯的父亲。米考伯先生总是等着"好运到来"，可好运来了的时候，他却把钱挥霍在酗酒上。米考伯的幸福秘诀经常被人引用，当年轻的大卫去债务监狱探视他时，他声泪俱下，大卫接着描述道："我记得他召唤我，神情严肃，用他自己的命运警示我，他说据他观察，一个人年收入 20 镑，年支出 19 镑 19

先令 6 便士，结局是幸福；年收入 20 镑，年支出 20
镑 6 便士，结局是痛苦。"据说这句话直接引自狄更斯
的父亲。

　　然而，米考伯先生在这番道德说教后做了什么却
很少被引用："这以后，他向我借了一先令给看守，并
给我写了一张收条凭其可向米考伯太太要回那一先令，
然后就收起小手帕，兴致又高了起来。"米考伯自酿苦
果，深陷绝境，看不到出路，于是干脆乐享其中。狄
更斯笔下的许多负债者自觉羞耻，抬不起头来，米考
伯则不然。有首蓝调老歌《消沉日久便似好转》（*Been
Down So Long It Seems Like Up to Me*）可以让他来唱。
他甚至向其他负债者借钱，真是不知羞耻。他既不诚实，
也无责任感，不勤勉，还是个大骗子——他的眼泪全
是在演戏。不过，读者对他摆脱负担快乐生活的能力
确有钦佩之感，某种程度上，狄更斯也是如此。至少
米考伯先生没有恶意，尽管他造成了伤害，但他不是
存心的。

　　债务监狱基本上是欧洲旧世界的现象。那里城市
过度拥挤，劳动力低廉，但在早期北美迅速发展之时，
迫切需要体格健全的劳动力，所以仅因没有支付账单

就把人关进监狱，完全没有经济意义。于是，这类欠债者就被强制签下契约，成为工人，为指定雇主工作，直到债务偿清。"社区服务"与此最为类似，尽管我们很少用社区服务来抵偿未付债务。在西方社会，仍然会监禁未能偿清欠款的人，通常绝大多数情况是他们没有支付孩子的抚养费。不过，罪名往往是蔑视法庭，通常认为，惩罚所针对的是态度——"你不愿意付钱"，而不是缺乏资金——"你付不起钱"。

抛开这一点，在现在的北美，如果不还清债务，可能产生的后果不会危及性命，所以对挥霍无度的借款人不会有任何影响。有人告诉我，大学生在谈起他们膨胀的助学贷款时，只是无奈地笑笑，而不再绝望地泪眼滂沱。每个人都负了债，又能怎样呢？事情只能如此，不然他们怎么完成学业呢？至于还清贷款，他们日后才会考虑。

回到 20 世纪 70 年代，当时信用卡公司还是新兴产业，它们邮寄信件发卡以拓展业务，我的一位朋友恰好在他们随机寄送信用卡的名录上。在寄送信用卡之前，信用卡公司不进行任何信用征询，就这样它们寄给我朋友一张信用卡，我朋友很快花到最高限额。

接下来是一场活生生的"设法要钱"游戏。他每月偿还一笔小小的金额，例如五块三毛二，或其他微不足道又惹人讨厌的金额。随后信用卡公司果真被惹毛了，就把账户转到了讨债公司。然后我朋友就不断收到措辞激烈喋喋不休的讨债电话。这件事情发生的时候，电话还没有来电显示功能。

"不好意思，"我朋友对打电话来讨债的人说，"我明白你为什么必须要打电话给我，但是我对你的语气不满意，你没必要这么蛮横。如果没有像我这样的人，像你这样的人连工作都没有。所以你想什么时候打电话来都没关系，但请你客气点儿。"

"哦，好的。"讨债公司的人说，设身处地，他理解了我朋友的道理何在。再说这是加拿大啊，大家大多讲礼貌，果然，随后他友善起来了。

现今，那些陷入债务危机的人可采用一种办法，而这种办法在过去不大管用。他们可以宣布个人破产，或多或少走出身临的困境。有专门的机构帮助人们处理此事，并从中抽取佣金。"助你少还欠账"，地铁广告轻声软语地说。诚然，这样做是有缺点——你的信用评级会降低，你也会失去一些闪亮的玩具。不过，你不会被扔进冰冷、黑暗的地牢当中，只靠吃奶酪皮和发霉的面包为生，而其他囚犯会偷走你的丝绸手帕、靴子还有袖扣。这样的情况不常发生，不会在此发生，目前还不会。

目前为止，我们一直在讨论当契约合乎法律时，债务不能偿清，债主可以采取哪些合法手段对付欠债不还者。但是，如果债务本身是在法律的边缘之外某处阴暗的角落里安排停当的，又会怎样呢？例如，如果借贷人从黑手党高利贷者手中借款会怎样呢？那承受的压力就截然不同了。

在这样的事情上，我主要的信息来源是独一无二的埃尔莫·伦纳德（Elmore Leonard）[2]。在他的犯罪小说《矮子当道》（*Get Shorty*）中，他的反英雄奇利·帕尔默（Chili Palmer）受雇成为黑手党的追债人，他四处奔波，跟在一位沉迷赌博的三流赌徒屁股后面追讨债务，而赌徒则费尽周章，愚蠢地和他玩着"设法要钱"

2　埃尔莫·伦纳德（1925—2013），美国著名作家、编剧、制片人，他至今创作了45部著作。1992年，他被美国推理作家协会（MWA）授予最高成就奖——"大师奖"。

的游戏。奇利这样描述高利贷的手段：

> 一个家伙来找你，不管他要多少钱，或者他为什么需要这笔钱，在你给他一个子儿之前，先对他说："你确定你要拿这笔钱吗？你不需要抵押你的房产，也不需要签任何文件，你只需要给我一句话，你一周之内连本带利把钱还给我……"如果这个家伙犹豫了，说类似于"嗯，我敢肯定我能"这样的话，我就告诉他，"不，我现在劝你，不要他妈的拿这笔钱"。这家伙就会求你，用他的孩子们发誓他会按时还钱。你知道他很绝望，否则他一开始就不会来借高利贷。所以你告诉他，"好吧，但如果你拖欠一笔钱，你就会后悔你来过这儿"。你绝不要告诉他将可能发生什么。让他自己想象，他会想到更糟的事情。

随后，奇利又解释说："你必须明白，高利贷者和其他生意人一样，他并不是在寻找伤害人的机会，而是在寻找赚钱的路子。"但必然的结果是，如果高利贷者没有赚到钱，他就会伤害人。在借贷的阴影地带，债务的性质和大小没有限度，因而对拖欠债务的惩罚的性质和恐怖程度也没有限度。就像奇利说的，总有更糟的事情发生。

目前为止，我们一直把重点放在个人负债者身上。负债的平民、负债的大众、负债的路人，这些都是没有军队的负债者。但如果我们放开眼界呢？例如，如果借债的是国王，或皇帝，或文艺复兴时期的公爵，或像成吉思汗或匈奴王阿拉提这样的军阀，又或现代政府（无论是不是民主政府），会怎样呢？事情会变得比奇利·帕尔默口中的"更糟的事情"还要糟糕。因为，犹如飓风、火山爆发和海啸，巨额债务可以创造历史，重塑景观。

16 世纪，尼可罗·马基雅弗利（Niccolò Machiavelli）写出《君主论》（*The Prince*）一书，其中论说如何以犹如戴上熏香华丽的天鹅绒手套一般施以铁腕统治，颇具指导性。他将这些事项摆上桌面，其逻辑令人心生恐惧，却又难以反驳。他说，君主或未来的君主最必要也最需要做的，是获取、扩展和巩固权力。要做到这一点，他们需要追随者和臣服者——在我们当代的民主国家，即"党员"和"纳税人"。君主可以通过继承、武力征服、欺骗或背叛获得领土；但在任何情况下，他们都需要军队，或国家警察力量——无论如何，一群拥有武器的人；而且，他们需要钱来供养和装备他们的军队。

要供养军队，要么征服更多领土，在其上横加劫掠，花用别人的财富；要么花用自己已经拥有的财富；要么向自己的臣民征税。但如果真的对他们征税过重（"过重"大概就是臣民心中的小孩子每天哭喊"这不公平！"超过 12 小时这一临界点），就会积累民怨，激发叛乱。另一方面，如果他们向臣民课税实在过重，以至于产生贫困和饥荒蔓延的结果，臣民可能过于营养不良，身体孱弱，失去反抗的能力。此外，臣民也将失去任何生产劳动的动力和体力。但还有另一种可能，如果事态发展到如此严重的地步，臣民可能会感到他们即便反叛也没什么好失去的了。以上的可能性需要缜密的权衡。

关于如何整体理解税收事务，有种很到位的表达方式：政府向人民借款——有时，政府真的会以发行公债的形式借款——于是他们就欠了人民的债，必须以提供服务的形式来偿还。甚至连马基雅弗利都说，君主应该尽可能想办法改善臣民的命运。（"尽可能"似乎意指"如果扣除我想进行的战争所花去的军费，还可能留下的余额"。）臣民的需求是不缴税就享受公共服务，统治者的诉求是只收税却不提供公共服务。自从出现了粮食剩余、社会阶层、军队，还有税收，这两种需求的矛盾便在人类历史上长期普遍存在，因而也总免不了怨言相伴。

尽管如此，在一场听上去正当并得到充分动员的战争背后，你可以将许多苛重的赋税付诸实践。战争集中了注意力，人民不想在战时感到甚或表现出不忠。向人民灌输恐惧思想，告诉他们低等的蛮族人正垂涎欲滴，可能对他们进行烧杀劫掠，将他们的孩子烤来吃，强奸妇女，并挖出她们的内脏（别笑，这发生过），这样就算人民不积极，也会顺从地交付税款。顺便提个醒：大英帝国是为了筹措拿破仑战争的军费，于 1799 年开征所得税；美国则是在 1862 年为了支持内战开征所得税；1917 年，作为临时措施，加拿大开始对收入课税以支援第一次世界大战。而且税收就像斑马贝，一旦被引进引入，就很难被摆脱。所得税所要支付的战争开战，然后结束了，所得税本身却存留至今。好吧，所得税总好过对窗户、胡须或单身征税，而这些税都曾经存在过。

值得注意的是，一般而言，政府常常忘记以其所应承担的服务，来偿还公民所缴纳的税金。一旦钱花出去，人民就没有办法收回他们被迫借出去的账款，因为他们不是拥有军队的一方。在民主体制下，你可以通过投票给其他人罢免不得人心的领袖。在专制体制中，你可以冒险发动军事政变或大众起义。但无论是在哪种体制下，即便赢得了选举、政变或起义，你依旧还得掏腰包。在最糟糕的剧本中，孩子仍然挨饿并／或未受到教育，水质净化厂仍未得到修建，你缴纳的税款被存到一家瑞士银行的匿名账户（numbered bank account）[3]上，你的前任暴君在海滨度假胜地晒着太阳，高墙森严，收费高昂的保镖侍立左右。或者，在民主体制下，通过一打未经投标、开价过高的合同，你的钱消失在前领导人的政治密友的衣袖之中，前领

3　匿名账户，即账户是持有人的身份未在账户名称中披露的银行账户。该类账户仅由账户持有人以及有限数量的银行雇员知道的代码或数字进行识别以实现交易，从而在财务交易中为账户持有人提供一定程度的隐私。

导人则躲开了疯狂的记者，稳稳坐在半打感激涕零的董事会提供的董事席位上。另一方面，如果局势变得足够混乱，暴乱得以进行，你或许可以走到街头游行，用一根棍子挑着某个人的头颅，大喊："你完蛋了！"尽管这是一种报复行为，却只能带来短暂的兴奋，无法挽回你金钱上的损失。

顺便提一下，jig——而且我知道你一直在好奇——不仅有爱尔兰舞蹈的意思。它还可以表示一种游戏、诡计或一种精巧的工具。从后面这个意义上来说，某些税收制度就是 jig。它们是一套设计精巧的工具，可被用来征收高过征税者愿意以服务的形式报偿的税额。

有两种税务制度，一种引发民怨，一种招致民怨沸腾。公元前 1 世纪，罗马帝国处于扩张阶段，其税务制度引致严重的民怨，因其开始征收农业税，以支持其持续不断的军事冒险。征收农业税的方式如下：长官们为整个社会设定一个税收额度，地方包税人（local tax collectors）为获取收税权参与竞标，竞价应不低于罗马税额，出价最高的包税人赢取收税权。包税人预先向政府支付税额，然后便有权从地方民众处榨取金钱。

不言而喻，包税人的目标是收取高于他实际支付罗马政府的数额，以赚取差额。为了大发横财，包税人诈骗诡计无所不用其极：他们先低估货物价格，将其征收以抵税金，随后倒卖货物牟利。或者垄断粮食市场，造成粮食稀缺，然后以高昂的价格将粮食卖给人民，等于是以此榨取税金。如此种种不一而足。无须赘言，这当然是一个高度腐败的制度。一些历史学家将其列为罗马帝国崩溃的原因之一：压迫农民过甚，以至于他们无法从事生产。就像任何猎食金字塔：小鱼没有了，大鱼的数量也就会暴跌。恐怕你会认为罗马是唯一曾经这样做的国家，再想想罢。中国的明朝以大体一致的方式动摇了国家的根本，奥斯曼帝国如是，路易十六之前的法国专政政权亦然。

罗马包税人名为"税吏"（publicani），这让人想起《新约圣经》中令人好奇的短语"税吏和罪人"。我一度认为 publican 的意思是经营酒吧的人，他们的行为举止与常和他们一起被提起的贪食好酒的人有关。拿撒勒的耶稣经常与三类行为不端的人在一

起：税吏、罪人，还有贪食好酒的人。现在我已经
向你介绍了包税制（tax farming）你就能明白，为什
么耶稣与税吏相伴，特别被耶稣的同胞视为道德败
坏的不虔不义之举。

　　极尽剥削之能事的罗马包税制体系也解释了为什
么耶稣的反对者会去问他，缴税给罗马是否有罪。从
而引发了他那著名的回答："恺撒之物当归给恺撒，
上帝之物当归给上帝。"这一回答巧妙地跳出了陷阱，
如果耶稣回答"是"，要缴税给罗马，他就是支持压榨
百姓的税收制度；但如果他说不用缴税，就会被罗马
暴君指控为反叛。但从那以后，这一回答一直让人摸
不着头绪。一般来说，钱是不是恺撒之物呢？耶稣是
在教唆去欺骗税吏吗？此外，许多政府想方设法给人
留下上帝与它们来自同一营垒的印象，所以缴税给它
们，就像奉献给上帝一样，或者差不多一样，或者要
多接近有多接近。不妨去看看现今的政府在他们的货
币上写的是什么的，加拿大的货币上写的是"Elizabeth
D.G.Regina"，"D.G.Regina" 是 "Dei Gratia Regina"
的简写，意为"蒙神保佑的女王"。英国的钱币上印
有的铭文更长，加上了"信仰的捍卫者"（Defender of

the Faith）字样。美国的钱币上为箴言"我们信仰上帝"
（In God We Trust），我上高中的时候，这句话经常被
拿来开玩笑："我们信仰上帝，别人支付现金。"但是，
在政府发行的货币上注上"上帝"的字样，显然有个
好处：这看起来好像给了货币一个神圣的发行许可。

从古至今，沉重税负带来的民怨引发无数次叛乱。
在此需要对术语做个说明：如果叛乱成功，被称为"革
命"，否则仅仅是一次叛乱。招致民怨沸腾的重税往往
和战争有关。英国和法国间的百年战争，导致了法国
1358 年的叛乱，即"扎克雷起义"——法国大革命期间，
这一术语再次出现。百年战争也导致了英国在 1381 年
发生的叛乱，其导火索是为了筹措军费而开征的人头
税。民怨鼎沸之时，贵族采取行动，尝试恢复封建制
度，这种制度将农民束缚在土地上，以无偿劳动偿还
领主——实际上，这是一种农奴制。这一制度为黑死
病所削弱，黑死病夺取了欧洲一半的人口，造成劳动
力短缺，因而抬高了最低工资标准，并提高了农民的
议价能力。这一切的寓意是：即便是黑死病，也能带
来某些好处。

英国 1381 年的叛乱由自耕农瓦特·泰勒（Wat

Tyler）领导，牧师约翰·鲍尔（John Ball）也是其中一位领导人，他的布道词中有一句著名的押韵诗："亚当和夏娃男耕女织时，有谁是什么绅士？"起义军相互之间使用暗语"磨坊主约翰磨粉细又细"，正确的答语是"天国之子付全价"。我还没有找到对这段暗语的明确解释，不过磨坊主磨粉细又细这句，应该是对一条经常被引证的古希腊谚语的引用，这条谚语是："神的磨坊磨粉很慢，却磨得很细很细。"意思是："报应或许迟来，但一旦报应到来，作恶之人将被碾入尘土。"至于答语"天国之子付全价"，我猜意思应该是，如果叛乱者在与敌人进行斗争的过程中，不可避免地杀掉几个人，来世他们将得到宽恕，他们的罪债，已经由牺牲在十字架上的基督的宝血代偿了。在被击败并遭受恐怖的死刑之前，他们的确杀了几个人，但他们主要的行动是攻击包税人，并烧毁他们的账簿。没有记忆，就没有债务，而书面的记录是一种记忆的形式，无论在什么时代，税务－债务引发的暴乱中，税务－债务记录都是被攻击的首要目标之一。这时起作用的原则是：如果你不能证明，我就不欠你什么。

　　美国独立战争也是因为民众认为征税不公平所导

致的反抗行为。政府强制征税，以支持业已展开的战事。这场战争是英国和法国之间的"七年战争"，其间，英国在 1759 年占领了魁北克。如果魁北克不沦陷，就不会爆发美国独立战争，因为那时的殖民地居民不可能以自己的常备军抵御法国的入侵。一旦法国殖民地新法兰西落入英国人手中，美国殖民地人民就可以自由反抗，果然，他们立刻就兴兵反抗。你应该记得他们当时的口号："没有议会代表，就不缴税。"是的，这是一场税收战争。

英国赢得了七年战争，法国的君主专制政体支持美国革命，以报仇雪恨，而美国革命乃是反君主专制革命的典范，法国这样做实乃轻率之举。而且，为了支持美国，他们耗费了过多的财力，所以他们提高了税额，而人民早已衣衫褴褛。抗议活动随即展开，主力军为非贵族成员，被称为无套裤汉（sans culottes）。我一度以为这代表他们穷到没有裤子穿，但实际上它的意思是他们没有短套裤——贵族的时尚之选。在紧随其后的 1789 年法国大革命，以及其他任何革命行动中，这种服装差异具有非常重要的意义。巴士底狱陷落后，爆发了大规模的农民暴动，他们焚毁了所有穿短套裤的贵族的庄园城堡，而税务–债务记录又一次成为第一批被销毁的物品。

这一模式并不仅仅存在于过去。1930 年的缅甸、1930 年的越南，以及 1935 年的菲律宾都发生过反殖民叛乱，叛乱凸显帝国主义列强横征暴敛，以期使用所获的资金达成马基雅弗利式的目的：获取、扩展和巩固他们的权力。我们认为，1956 年的匈牙利暴动是为了寻求民主而自发产生的罢工行动，但其实际的原因是赋税过于严苛。重税的原因可以溯源至苏联，当时它正忙于冷战军备竞赛。在所有这些案例中，叛乱者的主要目标之一均是销毁税收与债务记录，这真是一种活灵活现的擦干净石板的办法。

如果你是国王、贵族、暴君或者民主政府，你想发动战争，但又不想压榨农民太甚，以致引发税务叛乱，你就需要用其他的方式筹措军费，例如举债。这样的非税务性贷款有三种形式：（1）向你自己的臣民推销战争债权；（2）向国内的放贷者贷款；（3）向其他国家的政府或金融机构借贷。如果你向他国借债太多，迟早你会发现你不得不采取扩展巩固己方权力的行动，因为如果其他国家不喜欢你的所作所为，他们可以像贷方一样撤回资金支持。但届时，你已经欠下巨额贷款，总是可以威胁他们赖账不还，而让他们陷入赤字危机。所以，这仍然是借贷双方成为连体婴儿的情况。

（正如马基雅弗利所说，国家领袖施行让自己的国家债台高筑的政策，危害极大，终将导致国家失去权力和影响力。而领袖发动昂贵的战争，正是为了获取权力和影响力。抢劫掠夺不失为一本万利的买卖，但得事先盘算盘算。只是要记住：用抢劫掠夺的总收益，减去时间与每分钟的战争成本的乘积，得出的结果非红即墨。如果是赤字，就接受米考伯先生的建议，还是别打仗了。）

然而，如果放款人不是其他国家，而是住在你自己的王国之内，并且你发现自己已经借贷太多，那么你可以耍弄一个卑鄙的伎俩。的确曾有人使用这种卑鄙伎俩，且在历史上屡见不鲜。那就是"杀死债主"。

例如，思考一下圣殿骑士团的悲惨命运。这是一个由战斗骑士组成的宗教军事修会，通过收受信众馈赠的礼物，以及在十字军东征期间获得的各种宝藏，积累了大量的资本，继而成为欧洲主要的放债者，他们放债给国王领主以及其他各色人等，长达两个多世纪。基督徒借钱供他人使用以收取"高额利息"违反律法，但是出借土地收取"地租"则不然。所以圣殿骑士团借钱供人使用，收取所谓的"租金"，这笔钱在得到贷款时就要支付，而不是使用贷款之后再支付。不过，规定的时间道理，仍然要支付本金。对于那些借了钱的人来说，这可能是个问题，直到今天仍然如此。

1307年，法国国王腓力四世发现自己欠圣殿骑士团一屁股债。在教皇与酷刑的帮助下，他冤枉圣殿骑士团持有异端信仰并有渎神行为，将他们围捕殆尽，架上火刑柱处以火刑。犹如施了魔法，他的债务就此勾销。（圣殿骑士团的巨额财富也下落不明，至今未见对此的充分解释。）

腓力四世"杀死债主"的行为，基于一个存在已久的流行模式，姑且称之为"杀死犹太债主"吧。放贷取利违背基督教信仰，但犹太人放债给非犹太人以获取利息不违背犹太教规条。因为在大多数国家，犹太人被禁止成为土地拥有者——土地被视为财富的真正源泉——他们就被迫以放贷为业，进而广受怨恨，

深遭鄙视。但他们因放贷而赚取的钱财，也屡屡为国
王提供不断的税源。就此，一种便利却危险的共生关
系应运而生：犹太人放贷赚钱，国王向犹太人征税取
利。借款者可能是国王自己，也可能是贵族。贵族准
确运用马基雅弗利式的权谋，致力于建立自己的权力
地盘和影响力，其目的是为了成为国王，或者成为推
翻国王或拥立新主之人。无论怎样，在权力的阶梯上
向上攀爬需要耗费金钱，于是他们常常向犹太人借款。

　　这套混杂了金钱、国王、贵族以及犹太人的体系
动荡无常，反犹主义遍地开花，结果驱动了不计其
数的"杀死犹太债主"的暴动。我仅举出英国的案
例，尽管在整个欧洲诸如此类的故事大量存在。例
如，1190 年，一群欠下犹太放贷人巨款的约克贵族，
发动暴民追杀犹太人，这类施加宗教性质的指控的方
法，也曾经被用在圣殿骑士团身上。犹太人曾经得到
英王理查一世的庇护，但当时国王在外参加十字军东
征。一场大屠杀之后，接下来发生的事可以预见：债
务纪录化为灰烬。但是理查一世依赖犹太人的资金支
持——猜猜看是为了什么？为了他的战争努力，他大
光其火。吸取此事的教训，他建立了重复记账制度，

随后继续向犹太人课税，而且税负比之前更重了。

13世纪，在英国的犹太人处境更糟了，屠杀事件屡屡发生，此外，国王巧立各种名目，对他们课以重税，使他们难以负担。可以理解的是，1255年，犹太人要求离开英国。但亨利三世拒绝了他们的请求，因为犹太人是他便利的财税来源。实际上，他们是如此便利的税源，以至于国王声称他们是他的皇室财产，好像他们是公园一样。然而，后继的一系列法律修订进一步限定了犹太人的执业范围，法律禁止犹太人从事放债业，却仅开放个别的行当允许他们从事，致使犹太人生活于贫困之中。1920年，犹太人被驱逐出境，英国成为第一个如此做的国家。

以免你认为这一模式只发生在犹太放债者和圣殿骑士团身上，我提请你注意如下史实：1972年，乌干达领导人伊迪·阿明驱逐了境内的东印度人，他们曾高度集中于银行业。20世纪70年代，越南的排华手段也包括将华裔驱除出境。每当内部集团向外部集团欠下巨额债务，"杀死债主"仍不失为有效的抵销债务的手段，尽管其是背德之举。注意，你犯不着去谋杀，如果你能让别人望风而逃，他们就会抛家舍业。于是你便唾手得之。不消说，一定要把债务记录付之一炬。

你会发现在以上论述中，我对纳粹只字未提。关键是我实在无此必要，因为他们并不孤单。

现在，我们进入了我们债务的阴暗面之旅中最阴暗的地方。是的，我们正抵达复仇之地，在这里金钱不能赎买荣誉之债。在此，我想回到本书开篇我提到的灵长类动物的公平意识。你会想起，我所描述中的实验中的猴子，它们非常愿意用鹅卵石交易黄瓜片，但当某只猴子得到更加珍贵的葡萄时，大多数猴子就会停止交易。在另外一个实验中，如果两只猴子合力拉出一根绳子，就可以得到它们垂涎已久的食物，而两者之一是无法独立完成这一任务的。然后，如果它们合力拉出绳子，只有一只能得到食物，此时若得到食物的猴子拒绝分享，另一只猴子就会在将来以拒绝牵拉绳子来报复。它宁愿惩罚那只自私的猴子，也不愿碰运气看是不是下次自己会得到食物。

你了解这种感觉，人人都了解。难道复仇的模块亘古有之，并深深植根于我们心中吗？一些文化比另一些文化更加鼓励复仇的表达，但貌似复仇无所不在。

仅仅告诉人们不应图谋报复，因为报复之心有悖于良善，这通常是白费口舌。

经济学家钟爱"经济人"这一概念，他们愿意相信我们纯粹受经济考虑的驱动。如果这是真的，世界不见得更加美好，但会是一个全然不同的样子。就像猴子的鹅卵石，金钱只是交换的媒介物。其他各种各样的物品也可以作为媒介物，包括生命。有时，它被用来抵偿你造成的死亡——一头牛、一匹马，或一个人；有时它被用来支付你想造成的死亡；有时它被用作防止死亡发生的代价。在后两种情况中，我们称它为"血钱"。但是，有时候仅仅金钱不能达到平衡，唯有血才行。

在查尔斯·狄更斯以法国大革命为背景的小说《双城记》（*A Tale of Two Cities*）中，身世悲惨的德伐日太太（Madame Defarge）用毛线编织着恐怖的记录，一旦革命风暴爆发，记录上的人就必须被砍掉脑袋。正如她丈夫所说："若想从德伐日太太织成的记录上抹去一个名字或罪恶，哪怕是一个字母，也比最胆小的懦夫抹掉自己的生命还要难。"她的编织让人想起希腊的命运三女神（Greek Fates）——这三姐妹编织

人的命运，然后剪断生命之线，但它也是我们所谈论
的债务记录的险恶版本；当断头台被立起来，每一次
行刑德伐日太太都跑去数点人头，然后拆开死者名字
的毛线，因为他们已经为应付的"罚金"付上了血的
代价。

德伐日太太旁边坐着另一位织毛线的女人，绰号
是"复仇女神"。她代表着掌管大革命的诸神，我们
业已熟悉的复仇女神涅墨西斯，以及猩红血眼、严苛
无情的复仇三女神孚里厄斯。当更为公平的正义女神
蒙上了眼罩，她的天平失去了控制，这些更为古老、
更为嗜血的女神就会狂飙突进而来。

在此我停下来思考"复仇"（revenge）一词，据《牛
津英语词典》（*Oxford English Dictionary*），revenge 是
拉丁语词汇 *revindicare* 的派生词，而 *revindicare* 的词
源是 *vindicare*，后者意为匡扶（justify）、解救、释放、
解放，例如解放奴隶中的解放。因此，向某人复仇，就
是使你重新得到自由，因为进行复仇之前，你是不自由
的。是什么束缚了你？是你对他人无法释怀的怨恨，即
你自己的复仇之心。你觉得唯有采取复仇行动，才能摆
脱这一怨念。需要解决的宿怨是精神上的宿怨，而精神

上的宿怨不能以金钱偿还。那是一道灵魂的创口。

复仇者与那些他们希望杀死或惩罚的人，就如债主和欠债者。他们成对出现，他们是连体婴儿。这与荣格的阴影理论仅有一步之遥。

在叙事中，会涉及一种难以释怀的非理性仇恨，特别是对不太熟悉的个人或群体恨意浓烈。荣格学派认为，这种仇恨是一个人无法面对自己的阴影的标志。阴影是我们的暗黑的一面，存储了一切我们羞愧而不愿意承认的事，还有我们声称鄙视实际上却愿意拥有的品质。如果我们尚未承认自己拥有这些品质，我们就倾向于将其投射于其他人或团体之上，并逐渐对那个人或那一群体产生一种非理性的恨意。在小说中，阴影通常以真实的替身、孪生手足或复制人的形式出现，如爱伦·坡的《威廉·威尔逊》（*William Wilson*）或王尔德的《道林·格雷的画像》（*The Picture of Dorian Gray*）。这类孪生形象在文学作品中比比皆是，在电影电视作品中也屡见不鲜。譬如我想起来的就有《星际迷航：下一代》（*Star Trek: The Next Generation*）中的机器人"数据"（Data），他曾有一个邪恶的阴影人物。荣格派学者会指出，所有这些"邪恶双胞胎"

情节都与阴影理论有关。

这当然是阴影肆虐的有关复仇的故事。谁知道为
什么人物甲对人物乙恨之入骨呢？阴影知道，直到人
物甲也弄明白为什么，并承认阴影是他自己创造的傀
儡，他才能从仇恨中摆脱出来。

在伊丽莎白一世和詹姆士一世统治下，有一种戏
剧流派被称为"复仇悲剧"。如果你观看几出此类戏剧，
就会明了复仇行动的原则。总体上，毫不夸张地说，剧
情中血流成河，因为一次复仇带来另一次复仇，尸体的
堆积速度简直与工业化生产的速度相当。这可不只是以
牙还牙，而是为了以牙还牙而以牙还牙的以牙还牙，这
样的情节与达希尔·哈米特（Dashiell Hammett）[4] 早期
的犯罪小说中的情节类似。在前几章中，我提到了财富
的涓流理论和债务的涓滴理论，复仇悲剧则阐明了复仇
的涓流理论：相对而言无辜的旁观者染上一身的血腥。
《哈姆雷特》就是这样一出复仇悲剧，但是像往常一样，

4　达希尔·哈米特（1894—1961），美国侦探小说家。生于马里兰州圣玛丽
镇，曾当过侦探，作品有《马耳他之鹰》、《玻璃钥匙》和《瘦子》等侦探小说，
以及《十字街头》、《守望莱茵河》等电影剧本。

莎士比亚从其他地方提取素材,改写出出人意料的情节:
在戏剧的尾声,是复仇的迟缓,而不是复仇的迅疾,导
致了尸体堆积如山。

　　莎士比亚还重写了复仇悲剧《威尼斯商人》(*The Merchant of Venice*),该剧情节层次多元,人物性格
复杂,至今仍能激起热烈的争论。常常听到有人说每
个演员都想饰演哈姆雷特,但按理说饰演夏洛克更有
挑战性,因为夏洛克一角性格更加复杂多样,随着时
间的推移,他变得越加复杂,他是英雄还是反面人物?
可能都是,也可能都不是。纳粹出现之后,演员如何
演绎夏洛克?夏洛克鄙视放贷,痛斥收取利息的行为,
但如今收取利息已经成为商业实践准则,那么,到底
应该如何演绎夏洛克呢?

　　在《威尼斯商人》中,我们可以找到我们所认识
的平衡借贷双方的整套道具,既包括道德道具,也包
括金融道具。远至古埃及人称量心脏的天平,以及站
在法庭之外高举天平的正义女神,近至留给当铺老板
的抵押物,还有语义暧昧的书面契约,可谓一应俱全。
这部剧的主要情节与一笔借款、索要特殊抵押物,以
及公平的观念有关。

夏洛克是犹太人、放债者。对一位伊丽莎白时代的作家而言，这等于是敲了夏洛克两下，至少读者会这样想。但莎士比亚是位非常狡猾的作家，模棱两可简直可以做他的中间名。他是否发现夏洛克和安东尼奥的形象彼此互为投射？截至剧终，他们两位是唯有的单身汉，而其他人都结婚成家了。安东尼奥和夏洛克有没有可能缔结婚姻？可惜莎士比亚已经不在了，不能再接受作家访谈，所以我们永远不会知道答案了。

故事是关于一笔债务的，牵涉三位主要的角色，情节相当简单。安东尼奥允诺借给他的朋友巴萨尼奥一笔钱，但他手头没有现钱，所以他提供担保，向第三方借贷。而放款人夏洛克是他长久以来的敌人。夏洛克不要金钱担保，而是提出以下要求：如果贷款不能如期归还，他要安东尼奥的一磅肉，这块肉要从他心脏旁边割取，并用天平称重。偿付的日期到了，载有安东尼奥翘首以盼的现金流的商船却不知所踪，夏洛克要求割取属于他的那磅肉。即便有人愿出三倍的价钱作为"赎回"安东尼奥的赎价，以免他赔上性命，夏洛克仍然坚持要求按照合同文书写明的办理。在这里金钱不是问题的所在，只有复仇才能解决一切。

鲍西娅（Portia）是巴萨尼奥在夏洛克的贷款的帮助下，凭借自己的智慧迎娶的新娘。她假扮成律师，为此案辩护。一开始她祈求宽恕，陈说犹太人须有慈悲心肠。夏洛克的回答非常合理："为什么我必须有呢？"于是鲍西娅就慈悲发表了精彩的演讲，但就像其他此类演说一样没什么说服力。随后，她发挥了律师吹毛求疵的本事，通过耍弄文字游戏，做出如下分解：夏洛克可以得到双方协商一致的担保物，但是多一点儿都不行：他必须准确称量出一磅肉，但一滴血都不能流，因为血不在合约之中。

由此，夏洛克既没有得到那磅肉，也没有拿回原来那笔债款。不仅如此，因为他身为"异乡人"，却试图谋害一位威尼斯人的性命，连自己的生命也被法律剥夺了。只要他皈依基督教，鲍西娅和法官就饶他不死。但他须把一半的财产捐给政府——政府往往是这类判决的受益者，另一半财产则须将来在其死后遗赠给他叛逆抗命、偷钱私奔的女儿杰西卡，和她嫁给的那位基督徒。

夏洛克不是浮士德式的人物：他没有和撒旦签订契约。固有的吝啬鬼形象，在西方戏剧历史中源远流长，上可追溯到罗马的新喜剧，并作为诠释贪婪之罪的角色贯穿中世纪的道德戏剧，随后在*威尼斯即兴喜剧*（commedia dell'arte）中以潘塔洛内（Pantalone）的角色形象再次出现，再之后出现于 18 世纪莫里哀（Molière）的剧本《吝啬鬼》（*The Miser*）当中。尽管夏洛克与他们有一些共同的外在特征，他却不是他们中的一员。先前的守财奴行事吝啬，是因为他们本性贪婪，但夏洛克是个犹太人，这让情况大为不同。考虑到我曾提及的狂暴之徒对犹太人的迫害，夏洛克担心他的房子、财产和女儿是否关好锁紧，显然是合乎情理的。如果我是夏洛克，我也不会随便把房子的钥匙给别人。

安东尼奥通常被认为是良善之人，因为他借钱不收取利息，但为什么这种行为可以给他加分呢？作为一名基督徒，生活在剧本所设定的那个年代的"威尼斯"，他本来就不许收取利息！

而且他当然完全没必要借钱出去。他借钱出去等于是抢了夏洛克的生意，而且不是作为竞争对手。他就不是竞争对手，因为他根本不是放贷的生意人，他不靠放贷赚取任何钱财。依我看，他这样做是出于反犹主义。从剧中的证据来看，安东尼奥在语言和行为上表现出对夏洛克的敌意，已经有一段时间了。安东尼奥将夏洛克作为自己的阴影，在后者身上投射了他自己拥有但不愿意承认的恶意和贪婪。他把夏洛克当作替罪羊。这也是夏洛克恨恶他的原因——而不只是因为他一味压低交易价格。

这样的事莎士比亚不会在剧中对我们明说。例如，在《奥赛罗》(*Othello*)中，伊阿古(Iago)的邪恶行径关键在于他的名字，伊阿古是圣雅各的西班牙语名字，在西班牙被称为圣地亚哥，以"摩尔杀手"闻名。[5] 所以伊阿古是一位种族主义者：种族主义是其所作所为的肇因。而安东尼奥在借款一事上的所作所为，不只出于与借款人交情深笃，还出于对夏洛克，对犹太放债者，乃至对所有犹太人的深深恨意与报复之心。

饰演安东尼奥的难度与饰演夏洛克的难度一样高。如何才能既表现出安东尼奥是良善之人，又能遵照莎士比亚的叙事，表现出他向夏洛克复仇的潜在动机呢？大部分制作淡化了安东尼奥及其好友的反犹主

5　在西班牙传说中，圣雅各帮助西班牙人打败摩尔人，推翻摩尔人的统治，其本人在 17 世纪之前被尊为圣人。

义倾向，但由理查德·罗斯（Richard Rose）执导，
于 2007 年在加拿大安大略省斯特劳福德上演的版本则
充分地演绎了这一方面。在以往夸张的诠释下，夏洛
克满腹牢骚、奴颜婢膝，是一个滑稽又可鄙的形象；
而罗斯的版本中，在一位北美原住民的演绎下，夏洛
克举止庄重、沉默内向，由于生活在布满仇恨的社会，
他饱受摧残，有时甚至做出疯狂之举——很多北美原
住民也有类似的经验。这与过去的夏洛克形象大相径
庭，我认为这一表现手法让人能够完全理解这部剧。
但是，大多数评论家并不喜欢它：他们是多希望安东
尼奥是个正常的家伙啊。

　　三位中心人物都违背了他们自我标榜的宗教信
仰。安东尼奥肯定违反了基督教的核心教义：爱邻舍，
如同爱护自己。在这方面，耶稣透过好撒玛利亚人的
故事，有清晰的教导。你的邻舍不只是和你有相同宗
教信仰的人，邻舍这一类别，甚至包括那些在神学上
与你迥然不同的人。夏洛克是安东尼奥的邻舍，但是
安东尼奥没有以邻舍相待。就像一个老笑话里讲的，
"基督教是伟大的宗教，只是从未有人尝试过践行基
督教"。夏洛克说，他的报复之心是从他周遭的基督

徒身上学来的，他没得说错，的确如此。

至于夏洛克，他违反了摩西律法——《申命记》中申明，不可以取走他人的谋生工具做当头。这即是说，在借贷交易中，不能设立危及他人性命的条款。这一点夏洛克本人在剧末也曾提及，他指出，鲍西娅已经剥夺了他谋生的权力："你们夺去了我的养家活命的根本……便是活活地要了我的命。"这一原则也被纳入了现今与债务和破产相关的法律之中——不能夺取一个人经商营业的必要工具。夏洛克受到两次剥夺：第一次是夺走他的钱财，这让他失去了运营资金，也就是他的营利工具；第二次是强迫他皈依基督教，断绝了他收取利息的能力。

鲍西娅似乎是三人中最善良的一位。我们上高中时，必须背诵她那段关于慈悲的动人演讲，第一句话是："慈悲不是出于勉强。"没人告诉过我，"勉强"意为"强迫"，即强制、迫使，或使其发生的意思。所以我得出一个慈悲是筛子筛出来的意象，直到今天还难以摆脱这一想象。

与鲍西娅的演讲针锋相对的，是夏洛克著名的独白：

我是一个犹太人。难道犹太人没有眼睛吗？
难道犹太人没有五官四肢、没有知觉、没有感
情、没有血气吗？他不是吃着同样的食物，同样
的武器可以伤害他，同样的医药可以疗治他，冬
天同样会冷，夏天同样会热，就像一个基督徒一
样吗？你们要是用刀剑刺我们，我们不是也会出
血的吗？你们要是搔我们的痒，我们不是也会笑
起来的吗？你们要是用毒药谋害我们，我们不是
也会死的吗？那么要是你们欺侮了我们，我们难
道不会复仇吗？要是在别的地方我们都跟你们一
样，那么在这一点上也是彼此相同的。[6]

当年我在学校研读这段文字时，认为夏洛克是在
说他和其他人一样良善，这其实不太准确。实际上，
他是在表达他也生而为人，他的身体与其他人的身
体无甚两样，他的复仇意念也是如此，和其他人别
无二致。

鲍西娅在演讲中呼吁慈悲应高出于正义，这听起

6　中文译文出自《威尼斯商人》，朱生豪译，译林新版全集，第414页。

来确实感人。但其实她所说的是，夏洛克必须以比所
有其他人对他更为慈悲的态度对待他人。夏洛克表示
他做不到，鲍西娅马上放低了慈悲的高姿态，诉诸以
眼还眼、一报还一报的正义，而且变本加厉。的确，
这次官司多少透露出些许慈悲：安东尼奥经历九死一
生，似乎也不那么想复仇了，因而夏洛克免于一死，
尽管他未来将如何营生成为一个有意思的问题。

　　然而，必须免去夏洛克贪婪的罪名。有人提供借
款三倍的价格赎买这一磅肉，他却拒绝了。因此他就
违反了商业实践的法则——不管怎样，只管赚钱；不
去赎回抵押物却转而复仇，也违反了摩西律法中的相
关条例。苏格兰作家詹姆斯·巴肯（James Buchan）
在其关于金钱的本质的杰作《冻结的欲望》（*Frozen
Desire*）一书中，就《威尼斯商人》做出了精湛的分
析："为了偿还的目的而创造金钱，是一种暴力。就
在他必须成功的那一刻，夏洛克沦为这种暴力之下的
牺牲品。这一点再怎么强调也不为过。一磅肉不是抵
押品……因为它无法被扣押，也不能换成金钱。相反，
它是疯狂而原始的罚没物……金钱无法补偿对身体的

羞辱，但反过来则可行：不能以血偿钱，却能以钱赎血。"（not blood-money but money-blood.）

针对没完没了的冤冤相报，有两种解毒剂。一种是通过法律手段在法庭上解决，法庭应当公平地权衡、考量并解决所存在的问题，对借贷双方的分歧进行公正的判决。当然，关于法院是否永远秉公执法，存在很多争议，但是理论上它们具有这样的功能。

另一种解毒剂更为猛烈。纳尔逊·曼德拉经历多次迫害，更被南非奉行种族隔离政策的政府投入监狱，据说，当他最终得以获释时，他对自己说，在走出监狱大门之前，他必须宽恕那些屈枉对待过他的人，否则他将永远无法摆脱他们的控制。为什么？因为他将被复仇的锁链与他们捆绑在一起。他们和他将仍然是孪生的影子人物，宛如连体婴儿。换句话说，复仇的解毒剂不是正义，而是饶恕。有人问拿撒勒的耶稣，你应该饶恕多少次？答案是 70 个 7 次，或者说需要饶恕多少次，就饶恕多少次。所以鲍西娅原则上是对的，尽管她自己未能践行这一原则。

伊斯兰宗教律法允许受害者家人参与对凶手的审

判：如果愿意，他们可以选择宽恕，此类抉择被认为是高尚之举，且能够让他们不再受愤怒和受害感的奴役。不须一命偿一命的观念，还见诸其他文化之中。远的不说，近在 2005 年，一个北美原住民团体向美国提请《宽恕宣言》（*Proclamation of Forgiveness*），如果他们罗列所有受宽恕事项，我想这项宣言应该会相当长。我应该也不用再提，南非种族隔离结束以后，不可思议地兴起的"真相与和解"运动。你可能会想，这一切有关"宽恕"的事不过是眼泪汪汪的理想主义，是相信仙女真的存在的一派天真。但是，如果一方真诚地宽恕，另一方由衷地接受，尽管一致认为这对双方来说都困难重重，好像确有双方均获自由的效果。正如我们已然注意到的，复仇的渴望是沉重的锁链，而复仇本身导致连锁反应。饶恕斩断了锁链。

现在深吸一口气，闭上你的眼睛，以历史修正主义的方式做以下练习。时间是 2001 年 9 月 11 日，被两架飞机击中后，纽约世贸双子大厦浓烟滚滚、火光冲天，并开始垮塌。基地组织传达出复仇的消息。美国总统通过国际电视节目发表讲话：

我们遭受了严重的损失，这次打击的动机是出于伤害我们的强烈愿望。我们意识到，这是一小群狂热分子所采取的行动。其他国家可能会轰炸这些狂热分子目前所在地的平民，但是我们认为，采取这样的行动徒劳无益。我们也不会指责任何旁观国家牵涉其中。我们认识到，复仇行动将会报应到肇始者头上，然而我们不希望报复的连锁反应持续下去。因此我们将会宽恕。

试想一下，采取这一立场会产生什么样的影响，就算在地狱火窟之中找到雪球，这事也不会发生。现在请想象一下，如果这一立场真的被采用，世界将会多么不同啊。没有伊拉克战争的硝烟，没有阿富汗的僵局，最重要的是，美国就不会有持续膨胀到无法承担的地步，不会有国力削弱或者巨额国债不受控制。

这一切将会在哪里结束？你无疑会问。这取决于你所说的"一切"指的是什么。至于本书，它的终点在下一章，也是最后一章，其中我将探讨当借贷双方的平衡更加失控时，会发生什么。最后一章题为"偿还"。我在网上搜索了这一词汇，除了几部电影叫这个名字之外，我还发现一个域名为"ThePayback.com"
的网站，自称"一切报复需求之家"。看起来，现在
人们可以网购到任何东西，包括"死鱼""恶作剧包"，
还有"粗俗彩票"。

　　不过最后一章，不会涉及送你厌恶的往日情人一
束凋萎的玫瑰的内容。它更多是在探讨神的磨坊的秩
序，神的磨坊磨粉很慢，却磨得很细很细。

第五讲 偿还

就最宽泛的意义而言，本书总体的主题是我就借贷双方的孪生关系所做的思考。作为最后一章的开场白，我想回顾一下我们已经触及的几个关键主题。

　　第一讲《古老的公平》，讨论人类关于公平、平衡、正义的意识，这一意识历史久远。可能起源于人类历史之前——这得到对猴子和黑猩猩的行为进行的科学研究的支持。这些动物对物品分配和公平兑换保有强烈的意见，例如，当邻居得到一粒葡萄的时候，它拒绝用鹅卵石去交换一片黄瓜片，当它帮助过其他动物后，也会记得是谁欠他们一份情。我假设，如果没有一个内在的人类模块来裁决公平还是不公平，来争取平衡，那么种类繁多的借贷系统就不会存在。否则既没有人肯借钱出去，也没人愿意偿还债务。在独居动物例如豪猪中，这种大脑模块毫无用处；但像我们人类这样的群居动物，依赖于交换行为，这种大脑模块就不可或缺。同样必要的是报复的观念，即当所欠之物没有被归还的时候，人们所采取的负面行动。

　　在这样早已奠定的基础之上，许多复杂的债务与偿还制度被建立起来。例如，古埃及人在后世对灵魂进行审判，以代表真理、正义、公平、善行和宇宙秩序的女神作为砝码，对心脏进行称量，如果心脏重量不够，就会被可怕的鳄鱼神吃掉。

因此一些债务不关乎金钱，它们是道德债务，或者是破坏事物秩序而造成的负债。因此，在权衡债务的时候，平衡的概念居于首要地位，借贷双方是一体的两面，相互依存，而且，在健全的经济、社会或生态系统中，二者间的交换朝着均衡的状态发展。

第二讲《债和罪》，探讨了债和罪的关系。债务人和债权人，哪一个在道德上更败坏呢？我认为两者皆有过错。本章还研究了债务和记忆之间的关系，进而讨论了债务和书面契约的联系，这自然将我们引向了长存于西方文化中的主题：与撒旦立约。我认为这是第一个现在购买事后付账的方案，浮士德博士是典型的例子。浮士德式的交易是以灵魂或同样至关重要的东西，换取大量眩人耳目却最终毫无价值的短期垃圾。我还探讨了"赎回"的概念，这一概念既适用于典当活动，也适用于赎回奴隶和救赎灵魂。

在第三讲《债的故事》中，我详细探讨了浮士德式交易，特别是从克里斯托弗·马洛的浮士德博士和查尔斯·狄更斯的埃比尼泽·斯克鲁奇身上，我认

为，后者是前者的反面典型。债务是西方小说主旨的
主旋律，特别在19世纪更是如此。19世纪，资本主
义大获全胜，钱财成为衡量大多数事物的标准，债务
在人们的实际生活中发挥着重要的作用。当时工业磨
坊的数量和种类不断增值，推动了资本主义的扩张，
所以我也讨论了传统上被认为具有邪恶属性的磨坊
主——他们被认为是骗子，或者可能与撒旦签订了契
约，因为他们好像能够无中生有，变出钱来。磨坊和
磨坊主在民间传说中常常与神奇碾磨联系在一起，这
种神奇碾磨可以磨出任何你指定的东西，但是很难停
止运转。本章结尾，我引证了关于神的磨坊的一种说
法，神的磨坊磨粉很慢，却磨得很细。大多数人认为
这句古希腊谚语的意思是对恶行的惩罚可能延缓很长
时日，但当惩罚到来之时，后果是毁灭性的。

　　这一充满活力的观点带来第四讲《阴暗面》，其
中我论及平衡债务和信用账户的卑劣手段。这包括债
务监狱、违法的高利贷者催款策略、清除债主、反抗
征收过重或过于不公的税负的统治者，此外，我还跨
越财务的边界，进入仅用金钱无法偿付的领域，这一
领域充斥着心怀恶意的血腥报复。

现在到了第五讲也就是最后一讲《偿还》。我会尽最大努力让这一讲没有痛苦。不行，我转念一想，我不会那样做，因为如果没有痛苦，也就不是偿还了，对不对？

在我生活的地方，有这样一种寒暄方式：

某甲说："今天天气真好。"

某乙说："将来要付代价的。"

我生活在加拿大，那里天气变幻无常，我们总有一天为好天气付上代价。有人评论说："这不是加拿大人的对话，这是基督教长老会会众间的对话。"无论如何，加拿大到处都有人这样说。

这一例行公事的对话揭示，就更宽泛的思维习惯而言，生活中更令人愉悦的事，乃是贷借而来或赊购而得，而还债的期限迟早有一天会到来。这就是本章将要讨论的内容，偿清债务的时间。如果你还没有偿清债务，现在就是你偿还的时刻。任何情况下，天平的一端与另一端上的物品相互衡量时，无论上面放的是你的心脏、你的灵魂还是你的债务，最终的惩罚都准备好了。

　　每一笔债都有到期的时候，不然，债权人永远无法收款，因此也就什么都不会借出去，那么整个借贷偿付系统就会全然废止。在金融服务业，账期直接写在房贷、借款合同或信用卡协议中。你必须按期还款，否则你就得申请账单延期；或者，如果你逾期不还信用卡账单，利息就会迅猛攀升，接下来事情也就很快变得不那么令人愉快了。

　　其他类型的债务也有账期。实际上，每一笔债，都与时间、计算与数字的象征相伴而来。在《圣经·但以理书》中，伯沙撒王的盛筵上，一只手显现，在墙上写下："数算，数算，称量，分裂"。先知但以理为王解读，这段文字的意思是伯沙撒王的国已被数算，且年日已尽——换句话说，气数已尽了；而且伯沙撒王将被放在天平里称量——我们假设这一天平和古埃及称量灵魂、心脏或罪的天平一样。翌日，报应来了：伯沙撒王被杀，他的王国也分裂了。

　　日历、时钟、鸣钟为人们报时：它们标记时间，而时间逐渐耗尽，人有濒死时，债有偿还日。祖父的时钟太大，架子放不下，它在祖父出生那天被买回来

后，就一直放在地上，一放 90 年。*滴答滴答*，时钟
90 年不停不歇；*滴答滴答*，宛若祖父的心跳，时钟为
爷爷的生命读秒；老人去世，时钟戛然而止，再也不动。
（我在三年级时，学了几首难忘的歌谣。）

中世纪的死神形象，肩扛镰刀，手执沙漏。沙漏
象征时间之沙——一个人的时间有限，而且快速流逝。
时间之神的双翼战车疾驰过隙，瞬息不见。在爱伦·坡
的故事《红死魔的面具》（*The Masque of the Red
Death*）中，普洛斯彼罗和他精心挑选的 1000 名一起
欢饮宴乐的同伴，为了躲过瘟疫，从宫殿中的一间鲜
艳的房子躲到另一间，在第七间也是最后一间，有一
座巨大的乌檀木时钟。（为什么是七？大概是代表人
生的七个阶段，我猜。）这个不祥的时钟也滴答滴答
地走着，然后咚咚咚咚地连敲十二下，午夜到了——这
是神秘的时刻——在场的每个人瞬间全身起满红疹，
双膝跪地不起，因为你可以跑，却最终躲不过，躲不
过时间之神和他或她的连体双胞胎兄弟或姐妹、死神。
（爱伦·坡的时钟、90 岁的祖父的座钟，还有众多在
谋杀推理小说中出现的带有弹孔的手表或时钟，都在
最后一下心跳时停止转动。）

所以，正如 17 世纪诗人约翰·邓恩所说，不要问时钟为谁而鸣，它为你而鸣。或者说它将为你而鸣。然后就像所有文学作品中的时钟一样，之后它将不再鸣响。

时间是我们肉身生命的条件：没有时间，我们不能存活，我们将如雕像一般凝然不动，因为我们不能做出改变。然而在（我们的）时间的末了，我们再也不需要时间了。天国没有时钟，地狱也没有时钟，无论天国地狱，时间永是现时，至少传言如此。在天国，没有债务，一切债务都已设法偿清；但是在地狱，唯有债务，你被迫偿还巨额欠债，且永无偿清之日。你必须还债，还债，不停地还债。所以地狱就像一张可怖的信用卡，卡被刷爆了，需要没完没了地支付费用。

与靡非斯特菲勒斯的借贷合同到期那日，马洛的浮士德博士思索着时间的无情，又渴望时间得以延长，以下是当时他生动的说辞：

> 我以自己的鲜血，向他们写下契约：期限
>
> 将至；时候将到，他就会来带走我……
>
> 啊，浮士德，

现在你只能再活儿一个小时了，

此后你必将永永远远被打入地狱！

静止吧，你亘古运转的星辰，

时间或能停住，午夜永不到来；

美丽的自然之眼，升起吧，再次升起吧，让

时光永昼；或让这一小时

化作一年、一月、一周、一整天，

好让浮士德能够悔改，灵魂得救！

啊，慢跑，慢慢走，黑夜之奔马！

星辰流转，时光流逝，钟声将会敲响，

魔鬼终将到来，浮士德定会堕入地狱。

　　这段演讲中，拉丁文诗句"啊，慢跑，慢慢走，黑夜之奔马！"出自罗马诗人奥维德（Ovid），语带悲凉，饱含渴望，并有讥诮的意味，原诗中奥维德祈求拉着时间之神的有翼战车的黑夜奔马慢慢地跑，这样夜晚便可绵延很长很长，他便有更多时间和爱人相伴而眠。但是浮士德博士的祈求没起效果：时间无情行进，时光飞逝，午夜的钟声响起，期限到了，恐怖的报应降临。

就像我之前说的，有足够的理由相信，马洛的浮士德博士和狄更斯的埃比尼泽·斯克鲁奇互为倒影——浮士德做的每一件事，斯克鲁奇都会反其道而行之。时间也是如此。浮士德渴望时间具有弹性、能够伸展，这样合约上的期限就不会到来，他就不用把身体和灵魂付于靡非斯特菲勒斯。与之对应，斯克鲁奇则确实得到了时间的弹性。

对他们二人而言，决定命运的时刻是午夜十二点和一点之间。那些谙熟神话联系的曲折脉络的人知道，午夜十二点意味着所谓枢纽时刻（hinge moment）的开端。Hinge moment 现在的意思是转折点，但我使用它更为古老的意思，它被认为是时间打开和关闭的特定时刻，例如万圣节和二至日，在这一时段，我们的世界与其他世界之间的大门沿着门枢旋转而开。也是在这一小时之内，浮士德被魔鬼撕成碎片。

对埃比尼泽·斯克鲁奇而言，如此重要的也是同一时刻。连续两天，他接待了头两位圣诞魂灵，他认为这一时间是凌晨一点整，接待第一位是在圣诞前夜，而接待第三位魂灵是在第三晚的午夜十二点。但当他醒来时，这三个夜晚折叠，时间本应是圣诞节过后两天，但现在仍然是圣诞节早晨。对斯克鲁奇而言，时间流逝得更加缓慢，因此他在一个晚上就做完本来需要花三个晚上才能做完的事。那一晚，他经历了自己的一生，瞥见了他将来可能的死亡情景，然后他被猛然拽回现实。因此，他的偿债日期被推迟了，他发现自己重回世界，已是新人，他终于可以拥抱属于他自己的世界了。

"是的！床柱是自己的，"他想，"床是自己的，房间是自己的。最棒也最让人开心的是，眼前的时间也是他自己的，让他可以从容弥补过失。"然后他宣称他不知道今天是几月几号，而且他像小学生一样欢天喜地，甚至于，像一个婴孩儿那样。就在此刻，钟声响起，令人感到困惑。但这钟声既不是宣布死亡的庄严丧钟，也不标志着时间的无情流逝。相反，这是庆祝的钟声，庆祝某人的诞生——实际上，是两个人的诞生，耶稣的诞生，还有斯克鲁奇的重获新生。钟声也庆祝正常的时间规律的暂停，以及因之带来的债务规则的暂缓执行。斯克鲁奇得到缓刑，实际上，他得到额外的时间，获得了额外的生命。现在，他将利用它偿还自己所攫取的一切，就像他自己说的，他要

"弥补过失"。

让我们停下来，思考一下"弥补过失"（amends）的词源。根据《牛津英语词典》，"amends"词源词的意思是一笔赔偿，以金钱或货物的形式赔付你的过失。那么，通过弥补过失，斯克鲁奇在偿还一笔道德债务。这笔债是他欠谁的呢？又是为什么欠下的？在狄更斯看来，他欠他周围的人的债。整整一生他都在向其他人索取，他的财富是源于这种索取，但他从未回报什么。在金融意义上，他是举足轻重的债权人；但在道德意义上，他是衣衫褴褛的负债者。这一清醒的认识，是他发生转变的关键。金钱并非唯一一种只有通过流通和运行才有价值的东西。就像黑猩猩的社群一样，任何社会系统要保持平衡，报恩和礼物也需要流动运转起来。

我们知道斯克鲁奇利用额外的时间买了火鸡，救助了小蒂姆，参与了慈善募捐，参加聚会游戏，并给鲍勃·克莱切特加薪，简而言之，以同胞之情待周遭之人，这可以从他分发金钱的几个例子当中体现出来。作为读者和观众的我们，当接触到这一情节时，总是感到欣慰。它给我们一种温暖、舒适、朗姆酒般的感觉，让我们留下伤感的眼泪，无论如何我哭了。但接下来闪烁的雪光景象逐渐退去，我们合上书，离开剧院，或关掉电视，就不再思考它了，因为斯克鲁奇的故事毕竟是老套的儿童故事，而我们必须回归成人的现实生活。

不妨让我们再陪伴斯克鲁奇片刻，锻炼锻炼脑力。有些人惯常说："耶稣会怎么做？"这听起来真是虔诚极了，实在令人感佩。然而发问之人有时得到古怪的答案：轰炸伊拉克、欺压穷人、烧毁教堂、向政治对手实施毁谤策略、略施酷刑，等等，不一而足。很难想象，耶稣会站在被捆绑的战俘身前，手持赶牛棒抽打他或她。你可以叫我老顽固，但是在与耶稣有关的《圣经》经文中，他可没有实施这类手段，而是承受了这一切。

我们大多数人与耶稣甚少相像，所以很难想象耶稣出现在肉身中时，实际上会怎么做。尽管与耶稣差着十万八千里，我们和斯克鲁奇倒是非常相像。如果今天斯克鲁奇和我们生活在一起，他会怎么做呢？偿还的日子向我们飞速袭来，如果他面对我们现在所面临的问题，会怎么做呢？如果他获得额外的时间来修正自己，他会用什么样的方式呢？斯克鲁奇会认为自己需要向周边的人偿还道德债务吗？或者他会意识到他还有其他债务要偿付吗？

让我们找出答案。

正如你所知，有两个斯克鲁奇。有我们先前在小说中遇到的那个"死不松手的吝啬鬼！一个巧取豪夺、能搜善刮、贪得无厌的老黑心"——效仿某些软饮料或薯条公司的广告语，我管他叫"原生斯克鲁奇"（Scrooge Original）。然后是第二个斯克鲁奇，在他经历重生后出现的。我会叫他"轻灵斯克鲁奇"（Scrooge Lite），因为在亚瑟·拉克姆（Arthur Rackham）[1]的描画中，原生斯克鲁奇蹲坐在一个大钱袋上，但是轻灵斯克鲁奇站得笔直，双手张开——他变得慷慨大方了，他开心地微笑着，钱袋轻省了，精神也轻松了。现代研究支持狄更斯和拉克姆的观点——显然仅仅拥有很多财富不能使富人更幸福，将一些财富施舍出去的时

1　亚瑟·拉克姆（1867—1939）是一位英国插画家。他是英国从20世纪伊始至"一战"前的插画"黄金时代"代表画家之一。死后名声愈大，作品也常被各种贺卡采用。

候，他们才感到更幸福。我在报纸上读到过这一现象，
所以这一定是真的。

如果你自己想获得真正的幸福，我建议你帮助拯
救信天翁，以避免它们灭绝。这是能做到的。

在今天，这能够做到。在明天也许就不太可能了，
因为就像债务和凡人的生命，拯救一个物种免于灭绝
也是有日期戳记的。

无论如何，有两个传统意义上的斯克鲁奇：原生
斯克鲁奇，轻灵斯克鲁奇。但让我们思考一下第三个
斯克鲁奇：假设一个在 21 世纪初期来到我们中间的斯
克鲁奇。我管这个叫"新创斯克鲁奇"（Scrooge Nou-
veau），因为当你引介一款高端品质的产品时，无妨让
它听起来有点像法语。

新创斯克鲁奇和原生斯克鲁奇同龄，但看起来不
像。他看上去要年轻得多，因为不像原生斯克鲁奇，
他花钱：花在自己身上。所以他植过发，整过容，因
为多次乘坐他自己的私人游艇航行，他的皮肤被晒黑
了，经过专业修整过的牙齿异常亮白，在黑暗中闪着
怪异的光芒。

我想给他一个高尔夫球场，一切完全属他自己所

有，但这行不通，一块只有一个选手的高尔夫球场不
是真正的高尔夫球场，正如一座只有一只蚂蚁的蚁丘
不是真正的蚁丘；但是新创斯克鲁奇不想和其他人比
赛，因为他不喜欢失败，哪怕是理论上的。有时他外
出打猎，射杀动物，但仅从安全距离出手。他的休闲
品位，很像马基雅弗利笔下的文艺复兴时期的君主，
不过他不会给人下毒，至少不会直接下毒。他毒杀他
们，是成本效益分析的令人遗憾却不可避免的副作用：
如果不毒杀他们，代价就过于高昂，而且将其毒杀之
后的诉讼费用可以作为业务费用注销。

　　不像原生斯克鲁奇，新创斯克鲁奇脾气并不乖戾，
至少表面上不是。现在市面上有一本书，告诉人们如
何通过混蛋行径博取万贯家财。但是新创斯克鲁奇已
经家财万贯，所以不用再采取混蛋行径。他的确曾经
行径混蛋——那正是他大发横财的手段。但现在有人
替他做那些事。所以他态度既不生硬，脾气也不暴躁，
对寻求施舍者也不粗鲁，那是原生斯克鲁奇待人接物
的方式。如果他不想见登门求援的人，也只以开会作
为借口。

　　如果今日的公司法 1843 年就存在，原生斯克鲁奇

就会拥有一家股份公司，而不是小小商号，因为这样可以得到更多的保护！但是有限责任公司直到1854年才出现，而相关的法律工具要到19世纪末才得以完善。所以原生斯克鲁奇是商号合伙人，店铺的名字叫"斯克鲁奇和马利"，从名字的顺序，我们推定斯克鲁奇是高级合伙人，如果他对舒适的办公环境有所追求，他会拥有宽敞明亮的转角办公室。但他没有，原生斯克鲁奇的办公室昏暗、脏乱、狭仄，特征如同其他与其有关的事物。

　　但是新创斯克鲁奇生活在21世纪，他的确拥有宽敞明亮的转角办公室，而且他不经营商号，而是拥有股份公司。实际上，他拥有多家股份公司。收集公司是他的嗜好，只要赚钱，他不在乎公司经营什么。

　　新创斯克鲁奇的部分财产流入了四位前任斯克鲁奇太太手中，关注富豪名流生活方式的名人杂志对此有特别详尽的报道。其中两位前妻还接受了采访，撕破脸皮将斯克鲁奇的事公之于众。倘若适可而止，斯克鲁奇倒挺享受这类关注，因为他喜欢关于自己的一切。他以自我为中心，相当自恋，但这不是他的错。在他成长过程中，环绕他的广告告诉他，他值得拥有这一切，这一切都是他理所应得的。他现在娶了第五任斯克鲁奇太太，她年方22岁，美艳动人，双腿修长。这是他欠自己的，因为他值得拥有她。

谁值得拥有，值得拥有多少？类似这些21世纪流行的惯用语当然直接来自估价语言，但它们也来自债务用语。斯克鲁奇欠自己的——他既是自己的债务人，也是自己的债主。他向自己借了什么？我们假定是时间和努力。原生斯克鲁奇将遗产传给他的外甥弗雷德，弗雷德再传给新创斯克鲁奇，新创斯克鲁奇花上时间和努力使财产得以增值。所以现在他能够通过给自己神秘的"所需之物"来偿还自己。至于"所需之物"，通常而言是任何广告里有的东西。他亏欠自己"所需之物"，扩展说来，他不欠任何人一毛钱。这就是他的观点。

我们在新创斯克鲁奇的豪华别墅中与他会合，别墅在……什么地方呢？我们姑且说在意大利托斯卡纳（Tuscany）好了，但是他正想卖掉这个不入流的地方，因为住区环境越来越纷扰，身家地位不如他的富豪大亨蜂拥而至，排场炫富的房子遍地开花，正在破坏街区景观。第五任斯克鲁奇太太正在米兰采购堪

比艺术品的细高跟鞋。新创斯克鲁奇下午和他的一位
CEO 在一起，他叫鲍勃·克莱切特，在新创斯克鲁奇
眼里，这个小烂人薪水过高但还算有用，不过为人小
肚鸡肠，还总是一副奴才样。克莱切特有个脾气暴躁、
穿着俗艳的老婆，还有一群令人讨厌的孩子，最小的
那个叫蒂姆，整天鬼哭狼嚎的。克莱切特多次暗示斯
克鲁奇应该邀请这一大群爱哭鼻子的娃娃到他的游泳
池游泳，斯克鲁奇一般都假装没听见。

晚上，斯克鲁奇享受了一顿不算奢侈的晚餐，吃
了智利鲈鱼。这种鱼几近灭绝，但味道鲜美，而且既
然它已经死了，总得有人吃了它，何必浪费呢？正餐
之后，他悠然自得地啜饮着一杯醇香甘洌的（请自行
填入美酒名称），就在这时，他听到了不祥的声音，
闻到了恐怖的气味。声音是湿嗒嗒的，喷喷的吮吸声，
像是什么人在沼泽里跋涉；气味是腐烂的气息。这一
不期而至的异动正从别墅的大理石台阶拾级而上，向
他直奔而来。

斯克鲁奇心想，那瓶子里面到底装的是什么（请
自行填入美酒名称）？他回想起年轻时嗑药的经验。
"我从不吸毒！"——他几乎还没来得及在心里为自己

辩解，就看见他的旧日商业伙伴杰克·马利倏忽现身在对面的扶手椅上。马利早已去世多年，是在公司的高科技健身房里的跑步机上心脏病突发死的。可马利就在眼前，一条长长的锁链缠绕着他并一直拖到地上，锁链是由发臭的鱼、支离破碎的野生动物标本，还有农民的头骨和头发制成的。

"杰克！"新创斯克鲁奇说，"你滴到我的东方地毯上了，那很贵的！你到底来这里做什么？为什么你身上穿着一堆垃圾？"

"我穿的是我在世时制造的垃圾堆，"马利说，"你应该看看你自己的！是我的三倍长，三倍臭。而我是来警告你的，为了你能逃脱我的命运。三个魂灵将来拜访你。"

"他们有预约吗？"新创斯克鲁奇问道，如果他们有，他誓要开除他的行政助理。"我没法见他们，我有会要开。"

"今天晚上，一点的钟声敲响时，期待第一个魂灵到来吧。"说完这些，一阵恶臭袭来，马利消失了。斯克鲁奇看看窗外，发现天空中飞过许多腐烂的鳕鱼，每一只鳕鱼上都连着一名董事会主席。他在大理石浴室内冲了个澡，以清醒头脑，迅速吞下一片安眠药，昏睡在他的昂贵的货真价实的 17 世纪四柱大床上。

他所做的这一切都没能阻止第一个魂灵在凌晨一点整准时出现在他的床前。她是女的，一名样貌讨喜的少女，身着绿色衣衫，头戴鲜花花环。看起来像在做全天然纯有机的洗发水广告。也许情况不会太糟，斯克鲁奇心想。"愿意和我一起吗？"他指着自己的床对她说。这是他理所应得的。第五任斯克鲁奇太太永远没必要知道，就算她知道又能怎样，他负担得起她的不悦。

魂灵说："我是过去地球日魂灵（Spirit of Earth Day Past），起来，跟我走。"

斯克鲁奇刚要抗议，如果要从事像走路这样具有挑战性的活动，他需要穿上他价值千元的订制版跑步鞋，就发现自己已经被拽到窗外，飞在空中了。

"以前才没有什么该死的过去地球日魂灵呢！"他冲魂灵咆哮道，现在他有时间思考了。

"以前不需要这样的日子，"他们在云端滑翔时魂灵说道，"想象一下，只用一天时间来致敬地球！就像母亲节一样，每年一次丢给老妈一张贺卡、一束鲜花，剩下的时间尽可剥削她。但在古代社会，每个季节人类都会记得亏欠地球的债务。每种宗教都称颂大地之神圣，感戴其恩德，承认一箪食，一瓢饮，一呼一吸无不是出乎大地，天意使然。人类必须对自然世界所赐予的礼物保有敬畏之心，避免浪费与贪婪之举，不然干旱、疾病和饥荒的降临征兆了神明的不满。不仅如此，早期人类感到，必须为所收取的付上回报。人祭的观念便源于此，在某些南美洲的部落文化中，人祭仍然被看作'投喂大地'之举。当时普遍的人类风尚是：有债必还，还必定期，否则被施予的好处将被收回。"

斯克鲁奇不禁懊恼自己，他不应该提起这个话题，让自己承受这样自以为是的长篇大论的说教。"我们在哪儿？"他问。他们似乎陷入了黑暗与光明交替闪烁的迷宫之中。

"我们正在做时光旅行，"魂灵说，"回到过去。如果你头晕就闭上眼睛。"

"嗯，无论如何，"斯克鲁奇说，"文明进步了。人类不再从事那种残忍的献祭活动了。现在我们理性地对待事物，运用科学以及成本效益分析，把债务当作精致的投资工具，而且……"

　　魂灵微微一笑。"大自然是位成本效益分析专家，"她说，"虽然她的计算方式不同。至于债务，从长远来看，她总会收账的。你援引的理性不过是两个世纪之前的事情，当时人类以某种所谓'市场'的东西取代上帝，认为市场具有上帝一般的特性：无所不知、永远正确，并有能力进行所谓的'价格修正'，价格修正就像旧时上帝的惩罚，可以除灭不计其数的人口。民智开启的人类开始相信，地球不过是机械的组合，因此其中的万物——包括动物生命——存在的目的只是接受人类的改造，服从人类的意志，完成人类的工作——就像水磨坊一样。即便到了20世纪初，科学家仍然不断告诉我们——例如——动物没有感情，因此可以被当作没有生命的物体对待。就像之前人们谈论起英国的底层阶级，或各地的奴隶时一样。

　　"然而，地球是活的这一观念，通过语言这一媒介，保留至相当晚近的时代。有人去世时，人们说，'他已经还了欠大自然的债'。换句话说，肉体仅仅是借来的，人类从未完全拥有肉身，而死亡是清偿债务的方式。这一说法千真万确，只要家属不将你的尸体火化，或将其封存在密不透风的墓穴中。但如果它被容许分解，回归为基本的元素……"

斯克鲁奇感觉有点恶心。他从未设想过他自己的身体是借来的，当然也不愿意去想必须以如此令人沮丧的方式来偿还它。身体是他可以永久持有的财产，而且就像房地产，它还会持续增值。他可是在上面做了相当大的投资啊！他了解到，有些生物工程师正在研究"永生计划"，一旦他们取得切实的成果，他就会把它买下来。为什么他的身体不能永远持续地为他工作呢？他问："我们能聊些别的吗？"

"当然可以，"魂灵说，"我们的第一站是公元前6世纪的雅典。"

斯克鲁奇发现自己身处一间素净淡雅的房间里，举目所见便是海天之际。一个怪老头儿躺在床上做冥想状。

魂灵说："这是梭伦（Solon），雅典的救星。贵族阶级控制了政府很长时间，制定有利于他们自己的法律，得以垄断大部分国库。在荒年，他们逼迫比自己更穷的农民越来越重地负债，进而成为农奴和奴隶。其后果则是经济萧条。"

"我原来以为你是地球日魂灵,"斯克鲁奇说,"可你为什么教起我经济学来了?"

魂灵说:"正如达尔文所说,'在资源上,大自然显露出惊人的经济属性'。所有的财富都来自大自然。没有大自然,就没有任何经济体。首要的财富是粮食,而不是金钱。因此所有和处置土地有关的事,和我也有关。"

对斯克鲁奇而言,这是一种新颖的思考方式。他一向以为食物来自餐厅,或者来自高档熟食杂货店。"长久以来,梭伦被公认为雅典最伟大的立法者,"魂灵说,"现在他正在思考如何通过勾销债务的方式来解决城邦的问题,庞大的债务结构使一些人暴富,却让所有其他人陷入贫困。最终他的确勾销了债务。本质上,他将所有债务记录一笔勾销。"

斯克鲁奇问:"你是说,他拒不履约?"他不禁发抖,想象着自己的投资组合在这种情况下会受怎样的影响。

"完全正确,"魂灵说,"不然就会爆发代价高昂、血流成河的暴力革命,因为雅典的农民已经被压榨太甚。当债务过于高度集中于少数人手中时,账户必须以和平的方式平衡，否则结果将是混乱和毁灭。这一情势之下，常年以来极尽搜刮之能事的富人和权贵被迫收回他们的债权，结果便是社区的再次繁荣。这是平衡账户的一种方法，现在我给你看看另一种。

时间再次闪烁，他们正在俯瞰一座中世纪的港口城市。

"这是卡法（Caffa），"魂灵说，"黑海海滨城市，热那亚人为从远东陆路贸易中盘剥利益而建立的殖民地。这是 1347 年，下面不计其数的人民已经在向大自然还债了。"

斯克鲁奇和魂灵向下俯冲至卡法的低空。城市一片混乱：在蒙古大军的围攻之下，城市即将倾覆，但此前城市居民已经从携带病毒的围城者那里感染了病毒。现在，人们像苍蝇一样，在狭窄、拥挤、肮脏的街道上倒毙。同时，在港口，惊慌失措的市民成群地蜂拥向商船，希望得以逃脱。

"你为什么带我来这里？我们什么时候能离开这儿？"斯克鲁奇问。卡法上空弥漫的恶臭比杰克·马利的鬼魂还臭十倍。

过去地球日魂灵说："黑死病即将席卷欧洲，没有一个国家可以幸免。瘟疫从海路袭来，从卡法起航的热那亚舰船会散播疫情，接着瘟疫如野火一般快速地在整个欧洲大陆蔓延。城市拥挤逼仄、脏乱不堪，国家人口过剩、营养不良，可利用的粮食资源已经耗尽。此外，许多现在活着的人的免疫系统在童年时期被削弱，因为1315—1316年爆发过大饥荒，当时暴雨摧毁了收成，成千上万的人死于非命。流行瘟疫喜爱人口过密、生态灾难频发的地区，以及营养不良的受害者。两年内，第一波大死亡潮结束之时，现存人口的一半将会死亡。城市将荒无人烟。海量的动物和鸟类也会死去。农场将被荒弃，其上丛林蔓生。欧洲的整个地貌将大有不同。

穷人、饥荒、疾病和灾难，如果斯克鲁奇看到有关这一切的电视纪录片，一定会关掉电视——干什么老想着这些负面的琐细之事呢？他真的非常非常想回到自己的床上去，随便哪一张床都行。但相反，他们快进，通过黑死病肆虐时期，所见所闻令人毛骨悚然。有人咳血，有人逐渐变黑，还有人长出巨型疖子。

像其他同类一样，魂灵也喜欢警示说教，她说："当业已糟糕的状况持续恶化的时候，人类的反应有几种

既定的模式。当黑死病肆虐时，许多人采取自我保护
的行动，例如嗅闻花束，坐在火炉旁，抛弃染病的家
庭成员，或者拔腿跑路以至于传播病毒。富人将自己
锁闭在城堡之中，希冀于将瘟疫关闭在大门之外。有
人则考虑到长期的财务计划是浪费时间，于是选择活
在当下，尽情享乐。享乐的方式多种多样，从大吃大喝、
男欢女爱，到抢劫、奸淫、劫掠无所不包。"

"我可以看看这些景象吗？"斯克鲁奇问道，他
喜欢单刀直入。但魂灵继续道：

"还有人则想尽办法帮忙，为濒死之人提供食物，
给予他们力所能及的医疗救助，而这样做极有可能
搭上自己的性命。一些村庄已经被感染，认识到瘟
疫可能通过个人接触传染，村民就将自己的村庄隔
离，用这样的方法防止疫情进一步扩散。另一些群
体要么指责自己，要么指责其他群体或犯了罪，或
心怀恶念，或在水井中投毒，因而带来了瘟疫。这
使得苦修群体兴起，他们一面鞭打自己，一面祷告
祈求，而且因为他们走遍大小城镇，也顺便传播了
疫情。外来群体被怀疑是瘟疫的携带者，因而受到
许多攻击，比如麻风病人、吉卜赛人、乞丐，还有

犹太人。据估计，犹太人遭受了 350 次屠杀。一些
人观察，并记录所见所闻，我们所知道的关于那些
时代的大部分知识，都源于其同时代的人记录下来
的当时正在发生的事情。最后，还有人尝试尽可能
继续他们的日常生活，料理他们的生意。斯克鲁奇，
我说的话你听进去了吗？"

　　"当然。"斯克鲁奇说。而实际上，他的目光正被
发生在下面的一段小插曲所牢牢吸引，一群醉醺醺的
14 世纪掘墓人——彼时的飞车党——正在侵入一座不
像为他们所有的豪华别墅。

　　"总结一下这些反应，"魂灵说，"包括保护自己、
放纵宴乐、帮助他人、指责怪罪、记录见证，以及继
续生活。这是在非战争类的危机之下，人类仅有的六
种可能的反应。而战争危机中，只需要再加上战斗或
投降这两种。尽管它们可能是帮助别人或纵情宴乐的
黑暗的子集。你或许已经注意到，与你处于同一时代
的人中，正有人采取这六种形式中的一种。他们是否
察觉到了即将到来的全球危机？"

　　"真颓丧。"斯克鲁奇喃喃自语。但是，即便真的
发生类似的事，他也知道自己将会做何反应。他会搭

乘自己的私人飞机即刻脱逃。逃至僻远的加勒比海岛上饮宴作乐，粗鄙之人禁止入内。"我会以指扪鼻，嗤笑命运。"他以细小的声音对自己说。"如果我还有手指，如果我还有鼻子。"他颤抖着道，心想，不可能全是坏事。

魂灵看穿了他的心思，说："这倒不完全是坏事，人死百债清，因为勾销了许多债务，大量流动资金最终被释放出来。对幸存者来说，由于劳动力短缺，工资得以上涨，复杂低效、贬损人格的封建制度得以终结。妇女的地位得以提升，工作机会向她们开放，就像在"一战"和"二战"期间一样。不论是好是坏，瘟疫开启了科技革新的帷幕。不妨想想看受黑死病激发催生的艺术杰作吧：薄伽丘（Boccaccio）的《十日谈》（*Decameron Nights*）、阿尔贝·加缪（Albert Camus）的小说《瘟疫》（*The Plague*）、瑞典电影导演英格玛·伯格曼（Ingmar Bergman）的杰作《第七封印》（*The Seventh Seal*）……凡事有利也有弊，瘟疫也是如此。

"我宁肯跳过大师杰作，也不要和瘟疫有任何瓜葛。"斯克鲁奇说道。

"瘟疫大流行也许是大自然成本效益分析的一部分,"魂灵说,"一种擦净写字板和平衡账目的方法。当人类变得过于可憎——人口过剩、环境过脏,给地球带来的破坏过重——瘟疫就会降临。养殖场的家畜挤在一起,同样容易生病。想象一下一只猫咳出一颗毛球的画面,你就对这一状况了然于胸了。"

这一猫和毛球的隐喻绝对是在挖苦人类,斯克鲁奇听到后,平生第一次感到自己是人类的一分子。但是现在魂灵再次把他拉至云端之上,瘟疫肆虐的 14 世纪城市被抛诸身后。

过去地球日魂灵带着斯克鲁奇快速地穿越时空。首先他们造访了 1793 年的北美洲,观看杀害候鸽的片段——成群成群的鸟被枪击落于地,远远超过能够被收集起来吃掉的数量。站在一旁的一位高大、质朴的老人说:"上帝不会对浪费他所造之物的行为坐视不管,在其他事上他主持公道,他也会还候鸽一个公道,不会等太久的。捕杀超过人类所食用的数量的鸟,简直是作孽,是浪费。"

"皮护腿(Leatherstocking),"魂灵说,"来自《开

拓者》(*The Pioneers*)，詹姆斯·费尼莫尔·库柏（James Fenimore Cooper）[2]1832 年的小说。"

"但他只是书中虚构的人啊！"斯克鲁奇说。

"你也是啊。"魂灵语带责备。她说的倒是真的，斯克鲁奇心想。"我想向你表明，即便当时北美洲物产丰富，已经有人在思考如何利用现在我们所谓的'自然资本'是正确的，如何利用是错误的了。"

接下来他们见证了便宜又营养的土豆从新世界被引入欧洲。它得以迅速推广，尽管新一波的瘟疫和其他高死亡率的疾病例如肺结核、白喉、天花、伤寒、霍乱、梅毒等再次肆虐，人口仍然爆棚，城乡人口均现爆满。斯克鲁奇认为过去地球日魂灵脑子有问题。他不得不观看 19 世纪 40 年代马铃薯疫病的来临，疫情肆虐爱尔兰，魂灵说，这警示着单一作物连作的危险，大自然一向不喜如此。魂灵还说，仰赖仅仅少数几种作物是愚蠢的，正如在 21 世纪，人类依赖小麦、稻米、玉米以及大豆这少数几种作物，哪怕只发生一

2　詹姆斯·费尼莫尔·库柏(1789—1851)，美国作家，代表作系列长篇小说《皮护腿故事集》，包括《开拓者》《最后一个莫希干人》《草原》《探路者》《杀鹿者》等。其他作品有《间谍》《舵手》《领港员》《火山口》等。

次大规模的作物疫情，就可能导致饥荒。

　　离开了哀鸿遍野、垂死挣扎的爱尔兰，斯克鲁奇和魂灵飞过伦敦上空，在那里，就像在延时摄影的相册中，斯克鲁奇见证了工厂拔地而起，林立的烟囱冒着股股黑烟，环境变得过于拥挤，早期资本主义繁荣与萧条的循环带来了痛苦。烟雾弥漫的贫民窟中，挤满残疾、肤色发青的儿童；一家 15 口人睡在气闷、满是恶臭的房间。敞口的排水沟中污水横流。

　　"人们怎能那样生活？"斯克鲁奇问。此情此景令他心生厌恶。

　　"他们有什么选择？"魂灵说，"当时还没有社会安全网啊。"

　　"可是，私人慈善机构可以介入啊……"斯克鲁奇说。他笃信，应该将消除社会不公的责任从像他这样的人肩上移开，更别提税务负担了。

　　"吾辈不害人受贫，世上哪再需怜悯。世人幸福如吾辈，世上哪再需慈悲。"魂灵低声吟诵。

　　"什么？"斯克鲁奇问。

　　"一首轻快的小诗，"魂灵说，"威廉姆·布莱克写的。咱俩的旅程即将结束，我仅能让你再多看一幅图景。时间是 1975 年，地点是加拿大多伦多。"

　　时间闪烁，斯克鲁奇发现自己置身于一间现代样貌的房间。不再有骨瘦如柴的孩童，不再有瘟疫受难者，不再有腐烂的土豆，这真是一种解脱。只有一位 63 岁的老太太在读报纸。她剪下一篇文章，将它折好放入信封。她封上信封，在信封上写好时间，然后下楼走到地下室，把信封放进一个旅行皮箱。

　　斯克鲁奇问："她从报纸上剪下来的那篇东西上写的什么？"

　　但时钟又敲了一下，过去地球日魂灵摇曳着消失了，然后又再次出现，只不过这次她变成一个男人。斯克鲁奇讨厌这种性别变化，这让他心惊肉跳。

　　"呦，斯克鲁奇宝贝，"男人带着西海岸的口音，"我是现在地球日魂灵，叫我当代魂灵就行了。"他头戴自行车头盔，身穿粗麻布短袖 T 恤衫，T 恤上写着"抱抱我的树"。他一只手拿着回收饮料瓶做的再生购物袋，另一只手握着一只咖啡杯，上面写着"鸣鸟友好、荫下种植、公平贸易、未施农药、天然有机"。他一身有机农夫的装束，看起来既有点像大卫·铃木（David

Suzuki）[3]，又有点像阿尔·戈尔（Al Gore），还有些像
查尔斯王子。"那么"，他继续道，"你想先参观哪一
个正在发生的灾难呢？"

斯克鲁奇情愿说："哪个都不想。"但他意识到现
在这不是个选项，所以他没好气地粗声说："你选就
好了。"这家伙看起来性情温和，却透着几分深深的
古怪——就像一名嬉皮士通过一个隐形传送装置后走
了出来，却搞乱了几处身体部件。

魂灵说："好的。"下一秒，斯克鲁奇发现自己已
经身在海底。一张巨网在海床上拖行，经行之处，一
切都被破坏殆尽。巨网前面，海底森林繁茂生长，其
间生活着成千上万种不同的生物，既有植被，又有动
物；巨网后面则是一片蛮荒。巨网被拉出海面，其中
大多数已死或濒死的生物被抛了出去，少数适销对路
的物种被留下来。

"这就像用推土机把你的前院花园整个翻耕推平，
留下少量鹅卵石，把其他的东西全都扔进排水沟，"魂
灵说，"这样的海底捞网与过度捕捞结合——装配了快

---

3 大卫·铃木（铃木孝义，1936— ），加拿大日裔遗传学家，法学、哲学博
士，也是活跃环保人士，同时是大卫铃木基金会的创立者。

速找鱼的声呐设备的巨型渔船很容易捕捞过度——在一起，最终的结果就是鱼类灭绝。当较小的船只仍在使用时，渔业或多或少是可持续的。但在过去40年，超高效的高科技捕捞作业已经破坏了三分之一的海洋生产力。人类以为它会重新生长，也许会，但在几千年内是不可能的。现在，人类使用的渔船越来越大，捕获的鱼却越来越小、越来越少。愚蠢的是，造成最大破坏的捕鱼船队，得到政府的补贴，这说明人民买鱼来吃所直接花费的钱，远远不够抵消捕鱼的开销，但他们通过纳税付足了差额。"

"税收！"斯克鲁奇发出痛苦的尖叫声。税收是他的痛处。"你的意思是，我在为所有这些该死的浪费缴税？"

"这可不是你唯一为之付钱的该死的浪费，"魂灵说，"还需要我提下某些国家的农业政策吗？这些国家补贴生物燃料，而生产生物燃料所消耗的能源，比生物燃料所能提供的能源还要高。将土地成本——土地侵蚀以及杀虫剂和除草剂的使用对生态系统造成的破坏——纳入计算时，实际的成本会更高。此外，如果粮食用于燃用而不是食用——这相当于将生物质从生态循环中取出而用灰烟代替——就会对世界粮食价格产生影响。然而，对于约束过度捕捞，这倒有立竿见影的效果：当燃料价格爬得过高，那些巨型船只的运行成本就会过于高昂，特别是因为没有多少渔业资源剩下供他们——用他们的说法——'收割'了，每份努力的捕获量在过去 30 年中已经下降了 80%。"

斯克鲁奇感到有些内疚，他能听到晚餐吃的智利鲈鱼在他的肚子里谴责他。

接着他们参观了亚马孙热带雨林，雨林被迅速铲平，为在短短数年内即可产生效益的大豆种植和畜牧业让路。然后他们又去了刚果，森林砍伐正在飞速进行；然后他们去看北方的寒带森林，砍伐树木就像咀嚼牙签一样。"一棵成熟树木可以制造一个人呼吸所需的氧气的三分之二，"魂灵评论道，"人类每年砍伐数以百万计的树木，生育数以百万计的新生儿，想想空气的质量会受到什么样的影响？我甚至不需要提洪水、土壤侵蚀以及随之而来的干旱，在错误的地方砍伐树木，这些都是可以预见的恶果。"

他们在南极巡游，那里巨大的冰架正在崩落、融化。而在北极，融化的苔原释放出巨大的甲烷云。他们监测海平面上升，看着人们或溺毙或逃离，在凝视人烟稠密的低洼海岸线时，他们观察到几个超强气旋。

"你就不能阻止这一切吗？"斯克鲁奇哭喊。

"这一领域的国际法规难以制定，"魂灵说，"因为没有人能就什么是公平达成一致。就像猴群中，如果有猴子拿到葡萄，其他猴子就都会想要葡萄。贫困国家会说：'为了获取利益，你已经破坏了自己的生态，所以休想告诉我们不做同样的事。'谋杀地球的行动，一方面受贫穷驱使，一方面受贪欲驱动。还有别忘了，很多环境破坏最为严重的国家大规模向富有国家举债，所以谋杀地球的行动也受债务驱动。

"20 世纪 40 年代开始，国际货币基金组织（The International Monetary Fund）和世界银行（The World Bank）打着为所谓的发展中国家提供所谓的帮助的旗号，说服那些国家的往往胆大包天的领导人大肆举债。由于随后缺乏监管，这些领导人得以任意超支，而后压榨他们自己的农民，以偿付源源不断的债务。农民陷入绝望，过度耕种土地，导致粮食减产，并陷入更穷困的境地，从而比之前更容易遭受饥荒。这与罗马帝国的农业税体系非常相似。"采用自上而下的方法，从穷人中压榨财富。结果造成今日我们所面对的状况：全球最富裕的 2500 万人口的净财富总和与全球最贫穷的 20 亿人口的净财富总值相等。"

斯克鲁奇正准备说，富人理应富有，因为他们具有优越的基因和良好的道德品质，但瞥见魂灵皱着眉头注视着他，话到嘴边又咽了回去。

魂灵说："当债务与债权失衡，贫富差距过大，穷人发现他们背负债务大山，被压得动弹不得、身临绝境，此时人类公平正义观念遭到践踏，而历史上出离愤怒的穷人常常做如下的事：他们奋起推翻他们的领导人；或者，如果做得到，就把债主抓来杀掉；又或者，他们干脆拒绝偿还贷款。他们如此行事，是因为背后有强烈的动机使然，你说是不是？"

"但那会损坏整个系统。"斯克鲁奇说。

"你没明白我的意思，"魂灵说，"系统早垮了。"

他们从平流层下降，发现自己身处多伦多的一场晚宴当中。这里没有挨饿的农民，桌子上摆满了食物和饮料。衣冠楚楚的人们相互亲切地交谈着。话题是 2008 年春季的世界食品短缺，及其迅速导致的粮食市场的骚乱。

"是食品投机商造成的,"一位宾客说,"他们囤积居奇。你们知道大公司从中捞取多少个亿吗?"

"不对,的确没有足够的粮食,"第二位宾客说。

"我们总可以种更多粮食。"另一位说。

"当然,"第二位说,"生产到不能再生产为止。你不能一直索取个不停,却不放回去。"

"绿色革命增加了产量,用化肥、杀虫剂,还有基因改良种子……"另一位说。

"最开始可以提高产量,"第二位说,"然后肥力耗尽了,留下了不宜耕种的土地。在所谓的绿色革命中,唯一取得成效的印度的农民,他们使用的是有机农耕技术。"

第二位说:"人口太多了,地球上只有20%面积的土地是干燥的陆地。其中只有3%适合种植粮食。大多数人生活在这2%的土地上。我们的栖息地本来就不够,而我们还在破坏着剩下的栖息地。"

第三位说:"这种马尔萨斯式的预言我们早就听过了。"

第四位说:"那不代表这不是真的。"

　　"好吧，无论如何，"第五位说，"无论正在发生什么，我都阻止不了。这事太大超过咱们的能力范围！我们还是今朝有酒今朝醉吧。"众人听了，一同举起酒杯。

　　"别犯傻！"斯克鲁奇对他们喊道。但他们听不到他的声音。他们的欢声笑语逐渐消逝，下一刻他回到了1972年他见到老妇人和行李皮箱的那个地窖。不过这次时间是在当下，另一位老妇人打开箱子，发现三四十年前留下来的信封，她一边拆开信封，一边自言自语："真想知道妈妈为什么保留这个。"

　　透过她的肩膀，斯克鲁奇看到，剪报是从《洛杉矶时报》上剪下来的，标题是："麻省理工学院团队表示，如果世界经济持续增长，将在2042年崩溃。"文章称，麻省理工学院的科学家团队受罗马俱乐部（Club of Rome）委托，进行了一项为期13个月的研究。文章开篇写道："除非经济增长很快停止，否则世界经济将在70年内崩溃，经济崩溃将带来大范围的瘟疫、贫困和饥荒。因为地球上的土地和自然资源有限，人口和物质产品的增长无法永远持续下去。以上观念绝非新奇论调，它至少和柏拉图一样古老。"文末总结道：

"我们的下一代将可能会遭遇发展的物质限制。该项研究聚焦于五个主要变量：世界不可再生资源（金属、矿物、能源）的总供应量，以及人口水平、污染量、人均工业生产率和人均粮食产量。"

"他们早就知道了！"斯克鲁奇喊道，"早在1972年他们就知道了！为什么当他们还有时间时，却什么都没做？"他气急败坏，抓住现在地球日魂灵的麻布运动衫摇晃他。但时钟敲了12下，他手中的魂灵逐渐消解。

他逐渐变化，变成干燥的鳞片状生物。现在它是一只硕大的蟑螂。"我是未来地球日魂灵。"它用刺耳的声音说。

斯克鲁奇向后退，他讨厌虫子。"你就不能有个人样？"他说。

"这取决于你想看到什么时候的未来，"蟑螂说，"在中距离未来的某刻，人类将会灭绝，我很难变成已经不存在的生物形态的样子。"

"那么，时间近一点的未来可以吗？"斯克鲁奇劝诱道。

"没问题。"蟑螂说。他摇曳晃动，分解然后重组，变成一个 35 岁男人的模样，双眼炯炯有神，身穿深色西装，戴着金耳环，拿着公文包。"瞧瞧，"他说，"我现在是未来的商人，你想造访你的哪一种未来？"

"我不止一个未来吗？"斯克鲁奇问道。

"未来，一切皆有可能，"魂灵说，"未来的数量是无限的，就像许多科幻小说家告诉我们的。例如，在一种未来中，你接受了先进的基因治疗，活了 150 岁。在另一种未来中，你下周就被公交车撞死了。"

"那种未来我还是不要了。"斯克鲁奇赶紧说。

"并不完全是坏事，"魂灵说，"在那一种未来你选择了自然葬礼，所以你转世化身成一棵树。但我明白你的意思。那么，要听好消息还是坏消息？"

"先听好消息，"斯克鲁奇说。尽管对别人的事情厌世悲观，他对自己的事倒是蛮乐观的。

魂灵挥了挥公文包，斯克鲁奇发现自己置身于一座喜气洋洋、熙熙攘攘的中等城市。所有人都穿着天然纤维的衣服，骑着自行车或开着压缩空气车，使用的动力则源于波动发电机以及安装在建筑顶部和外立面的太阳能装置。每个人都不再吃垃圾食品，而是食用大量的蔬菜水果，蔬果产自附近的有机农场或他们之前种植草坪的庭院，在这些地方，表层土壤经由大规模的护根和堆肥计划得以恢复，而这一计划也不出意外地显著减少了空气中的二氧化碳的含量。没有人体重过重。每年在鸟类迁徙的季节，所有高楼大厦熄灭灯光，不再杀死数百万的候鸟。邪恶的海底刮铲捕鱼作业方式已被弃止。空中旅行乘用氦气飞艇，水上旅行使用太阳能控制的帆船。塑料购物袋被禁止使用。

　　所有宗教领袖都意识到，他们的任务包括协助保护地球这一神所赐的礼物和容忍节育；噪声大、有污染的汽油动力鼓风机或割草机不再存在；全球变暖会在一次峰会上得到解决，会上各国领导人放弃了偏执、嫉妒、竞争、权力饥渴、贪婪，也不再争辩应该由哪个国家先开始减少碳排放，而是卷起了袖子，开始着手解决这一问题。

　　斯克鲁奇本人也在场，身着剪裁合身的麻质西服，签署了好几张巨额支票，捐款给致力于雨林保护、水下海底公园、鸟类栖息地等多家环保组织。"在这一未来，"魂灵说，"信天翁免于灭绝。需要指出的是，这绝大部分要归功于您的努力。还需要说明的是，这些奇迹般的变化，是由'胜利公债运动'带来的，人民政府购买政府公债，提供生态修复的资金。还有，通过微观经济，就像格莱珉银行（Grameen Bank）业已在巴基斯坦实践的那样，将小额贷款以合理的利率借给极度贫困的人，帮助他们在当地创立小本生意。也有富裕国家自愿免除大宗债务，就像古代的以色列人所做的，他们宣布每个第 50 年为禧年，在禧年内，所有的债务一律勾销。"

"这种未来发生的可能性有多大？"斯克鲁奇问道。

"可能性不大，"魂灵承认，"或者说至少到目前为止还不大。但很多与你处于同一时代的人正在竭尽全力使其发生。不幸的是，有更多的人极力反对任何整治全球环境危机的尝试，尽管全球环境危机每年耗费数万亿美元，因为他们正从目前的形势中赚取巨额财富。现在轮到坏消息了。"他又挥了挥公文包。

一打眼斯克鲁奇几乎认不出未来的自己。他容颜憔悴、状若癫狂，推着装满现金的手推车。斯克鲁奇眼看着未来的自己用成山的现金去交换一罐狗粮，可是没能成功。

"魂灵！发生了什么？"斯克鲁奇问道。此情此景实在太可怕了。

"你见证了恶性通货膨胀的一刻，"魂灵说，"这在货币史上曾屡次发生。当人们对货币的价值失去信心的时候，买东西就需要花费越来越多的钱。但是拥有例如食品或燃料等具有实在用途和价值的物品的人，不愿意出售它们，因为他们害怕收到的钱一夜之间价值便一落千丈。实际上，金钱就这样化为乌有，就像它向来不过是幻象而已。毕竟，它只是人造的象征，只有所有人都同意它存在的时候，它才存在。如果你不能用钱换取它本应表示的实物，它就毫无价值。"

"但如果我买不到食物，我就饿死了！"斯克鲁奇哭喊。

"确实有可能出现这种结果，"魂灵说，"如果你买不到任何东西，传统意义上的富有对你毫无益处。米达斯王（King Midas）希望他碰触到的东西都变成黄金，愿望成真，他却饿死了，因为他碰到的食物也变成黄金了。在一个所有东西都变成金钱的世界，留不下任何东西可吃。现在让我们鸟瞰下面的世界。"

他们飞过城市，斯克鲁奇目之所见，很大程度上类似于他在黑死病肆虐欧洲时所见到的：混乱不堪、

陈尸遍野、公民秩序崩溃。斯克鲁奇的五位前妻沿街
兜售她们的肉体，以换取沙丁鱼罐头，有着不同程度
的成功。她们形销骨立，没付出什么努力，便拥有了
模特般瘦削的身材。魂灵指着三个为吃一只死猫而打
架的人，其中一位正是未来的斯克鲁奇。他太过虚弱，
没能设法为自己争取一块猫肉，另外两人对其拳脚相
加，把他一个人丢在人行道上，带着他们的食物扬长
而去。

　　"这太可怕了！"斯克鲁奇呜咽着，"魂灵，别再
给我看了！"

　　"神的磨坊磨粉很慢，却磨得很细，"魂灵说，"一
旦人类发明包括弓箭等最基本的技术，就立刻开始从
事浮士德式的交易。人类没有去限制人口出生率，以
保持人口与自然资源的匹配，而是决定毫无限制地繁
衍后代。然后，为了增加粮食供给以供养人口增长，
人类发明更新更复杂的技术以操纵自然资源。现在我
们拥有了有史以来最为复杂精细的科技体系，这一科
技系统是一座磨坊，根据人类的发号施令，磨出任何
人类想要的东西。但没有人知道如何关闭它。经过科
技的高效彻底的开发，最终大自然将变成无生机的沙

漠：制造业的磨坊吞噬一切自然资本，并终将耗尽它
们，由此产生的对大自然的债务则是无穷无尽的。但
早在那之前，人类偿还的时刻就会到来。"

斯克鲁奇吓坏了，但同时飞快地做了些计算。如
果美好未来成真，他应该投资替代能源和海水净化厂，
这样他就能大捞特捞。如果糟糕的未来成真，他就得
垄断狗粮市场，并为自己造一座加固的地下堡垒，装
上氧气管道，最终他将统治世界，或者说余存的世界。

斯克鲁奇引用他的著名的前身遗训："人们所走
的道路必然预示着某种结果，这就是说，如果坚持不
懈，他们一定能获得那种结果，但是，如果离开了这
条道路，结果也会改变。你让我看见这一切，就是要
告诉我这一点吧！"

"我负责未来，"未来地球日魂灵说，"我最多只
能说，可能吧。"

斯克鲁奇赶紧抓住魂灵的手臂，但手臂逐渐萎缩、
折叠，蜷缩进床柱里面。他自己的床柱！"真是一个
噩梦，"他想，"但目前，还仅仅是梦而已。我将生活
在过去、现在和未来这三个地球日魂灵的警示之下，
我还有时间修正一切！"

在非虚构世界，即你我"存在"其中而没有斯克鲁奇的世界，我们已经讨论了看待债务的各种方式。就像我们所有的财务安排，和我们所有的道德规范——实际上，就像语言本身——关于债务的概念构成了人类社会这一精细的富有想象力的结构的一部分。对心理结构真实的，对债务也是真实的。因为它是一个心理结构，我们如何看待它可以改变它的运行方式。也许是时候用不同的眼光看待它了。也许我们需要用一种不同的方式来计算、加总和测量事物了。实际上，也许我们需要把不同的事物全部放在一起计算、权衡并测量。也许我们需要计算我们生活的实际成本，以及我们从生物圈中获取的自然资源。这有可能发生吗？跟未来地球日魂灵一样，我最多只能告诉你，可能吧。

斯克鲁奇翻身下床，走近窗户。世界尽在眼前。天空、树木，以及其他，美丽动人。过去它看起来坚若磐石，现在却显得不堪一击，就像水中的倒影：一缕微风便可吹皱，尔后瞬息不见。

　　我一无所有，斯克鲁奇想，就连身体也不是我的。我拥有的一切都只不过是借来的。我一点儿也不富有，我负债累累。我怎么开始偿还我欠的债呢？我到底该从何开始？

注释

本书为演讲稿，故当我写作本书时，心中有位聆听者。

第一讲 古老的平衡

本章献给多伦多皇家安大略博物馆（Royal Ontario Museum），我在 9 岁时在那里对埃及棺椁产生了兴趣。献给我的父亲 C.E. 阿特伍德（C. E. Atwood）博士，因为他我得以阅读《水孩子》。献给我在夏令营和家中做临时保姆时照顾过的所有孩子，在一报还一报这件事上，他们是我严厉的老师。

关于西顿父子的故事，参见 Redekop, Magdalene. *Ernest Thompson Seton*. Toronto: Fitzhenry & Whiteside, 1979.

牙仙和银行：实际上，如果你不再相信银行，它们就会失去效力。

关于债务的数据来自加拿大广播公司录制的节目《市场》（*Marketplace*）中的《负债之国》（*Debt Nation*）一辑。

写信告诉我房贷的故事的朋友是凡莱丽·马丁（Valerie Martin），
感谢她允许我使用这则故事。

联合教会是指加拿大联合教会（United Church of Canada），是卫
公理会和长老会组成的联盟。

2008 年 6 月，我在《哈泼斯》杂志（*Harper's* magazine）上的一
篇由弗兰克·布雷斯（Frank Bures）撰写的文章中看到了弗朗斯·德
瓦尔对文化本质的评论，文章标题为《被肢解的心灵：寻找神秘
的阴茎盗贼》（*A Mind Dismembered: In Search of the Magical Pe-
nis Thieves*）。

感谢我的哥哥神经生理学家哈罗德·L. 阿特伍德（Harold L. At-
wood）博士，他寄给我多篇有关表观遗传学的文章。

"打甲虫，不能打回来"游戏有许多种不同的规则。其中一种必须
指定甲壳虫汽车的颜色。关于这数不清的不同规则，我留予专家
讨论。

关于灵长类的交易，参见 De Waal, Frans, and S. F. Brosnan. "Mon-
keys Reject Unequal Pay." *Nature* (2003): 425.

Fisher, Daniel. "Selling the Blue Sky." *Forbes.com*. 2008. *Forbes*. 20
February 2008. <http://www.forbes.com/business/global/ 2008/0310/
070.html>.

——. "Primate Economics." *Forbes.com*. 2008. Forbes. 22 February

2008. <http://www.forbes.com/2006/02/11/monkey-economics-money_ cz_df_money06_0214monkeys.html>.

Surowiecki, James. "The Coup de Grasso." *The New Yorker*. 10 October 2005. Condenet. 28 February 2008. <http://www.newyorker.com/ archive/2003/10/06/031006ta_talk_surowiecki>.

另 见 Wright, Robert. *The Moral Animal: Evolutionary Psychology and Everyday Life*. New York: Vintage, 1994. The 1995 reprint is subtitled "Why We Are the Way We Are." Pages 196, 197, 198, 204.

查尔斯·金斯利的报应双胞姐妹是女性，可能还有某些其他原因。关于这些，参见我为赖德·哈格德（Rider Haggard）的《她》（*She*）撰写的引言，新美国图书馆出版社；以及 H. G. 威尔斯（H. G. Wells）的《莫罗博士的岛》（*The Island of Doctor Moreau*），企鹅图书；还有我尚未完成的关于维多利亚时代超自然的女性人物的论文，我正在多伦多大学费雪图书馆（Fisher Library）的某处写作此文。

探讨金斯利和达尔文之间联系的作品繁多，不过多集中在小说中的涉及的反向进化寓言，在这类寓言中，人类返回原始状态，躺卧在梦幻树下，毫不费力地吞食梦幻果。

财主和拉撒路的故事出于《圣经·路加福音》16 章 19—31 节。

关于黑猩猩的讨论，参见 Morell, Virginia. "Kings of the Hill." *National Geographic.com*. 2002. National Geographic Society. 20 February 2008. <http://ngm.nationalgeographic.com/ngm/0211/ fea-

ture4/>.

对《欧墨尼得》的引用来自 Grene, David, and Richmond Latti-
more, eds. *The Complete Greek Tragedies*. Vol. 1. Chicago: Universi-
ty of Chicago Press, 1960.

关于古代男神和女神，参见 "Thoth, the Great God of Science and
Writing." *Mystae.com*. 24 February 2008. <http://www.mystae.com/
restricted/streams/scripts/thoth.html>。也可参见其他资料。

Hooker, Richard. "Ma'at: Goddess of Truth; Truth and Order."
World Civilizations. 1996. Washington State University. 24 February
2008. <http://www.wsu.edu:8080/~dee/egypt/maat.htm>.

Roe, Anthony. "Maintaining the Balance: Concepts of Cosmic Law,
Order, and Justice." *White Dragon*. 1998. 22 February 2008. <http://
www.whitedragon.org.uk/articles/cosmic.htm>.

Swatt, Barbara. "Themis, God of Justice." *Marian Gould Gallagher
Law Library*. 2007. University of Washington School of Law. 19 Feb-
ruary 2008. <http://lib.law.washington.edu/ref/ themis.html>.

第二讲 债和罪

本章献给苏格兰的（Aileen Christianson）、美国的（Valerie Martin）
以及加拿大的（Alice Munro），他们全都是罪与债的专家。也献给
我的母亲玛格丽特·K. 阿特伍德（Margaret K. Atwood）以及我的
阿姨乔伊斯·克豪斯，是她们跟我分享了"量入为出"的见解。

"债是新的脂肪",是朱迪斯·蒂姆森(Judith Timson)在和我聊天时说的。

加拿大圣公会与英国圣公会极为相似,与美国的新教圣公会也有不少相似之处。

乔伊斯·巴克豪斯认为,我父亲那只用作典当的钢笔是父亲的母亲送他的毕业礼物。这带来另一个问题:她也穷得连个豆子都没有,怎么可能买得起呢?她一定存了很久的钱。

在犹太人的逾越节筵席上,"redeem"一词也屡屡被使用,用以描述耶和华从埃及人手中拯救为奴的以色列人的作为。感谢罗莎莉·阿贝拉(Rosalie Abella)和欧文·阿贝拉(Irving Abella)提供这一知识,也感谢他们让我拥有永远难忘的逾越节体验。

以羊羔代赎头生的驴可在《出埃及记》34章20节找到。耶弗他女儿的故事载于《列王记上》(应为《士师记》第11章——译者注)。头生的儿子归属耶和华载于《出埃及记》第22章第29节。恶人借贷而不偿还出自《诗篇》37章21节。以利亚和巴力的祭司出自《列王记上》(是巴力的先知,而非祭司。——译者注)。

珍妮·C. 奥布里奇关于债务的布道题为"Outrageous Forgiveness",可以在如下网站找到:*St. James Santee Episcopal Church Blog*. 2004. Blogspot。浏览时间为 2008 年 3 月 12 日,网址为 <http://stjamessantee.blogspot.com/2004_09_01_archive.html>。

本章引用的其他著作有：

Hogg, James. *The Private Memoirs and Confessions of a Justified Sinner*. Ed. Adrian Hunter. Peterborough, Ontario: Broadview Press, 2001.

Hyde, Lewis. *The Gift: How the Creative Spirit Transforms the World*. 1983. Edinburgh: Canongate, 2007. Page 41.

Jacobs, Jane. *Systems of Survival: A Dialogue on the Moral Foundations of Commerce and Politics*. New York: Vintage, 1992.

Leith, Sam. "Blair Believes He Can Do No Wrong: Ask the Antinomians." *Telegraph.co.uk*. 2006. Telegraph Media Group. 2 March 2008. <http://www.telegraph.co.uk/opinion/main. jhtml?xml=/opinion/2006/03/25/do2504.xml>.

Lerner, Gerda. *The Creation of Patriarchy*. Uncorrected proof. New York: Oxford University Press, 1986. Pages 77, 84.

Milton, John. "Samson Agonistes." *John Milton: Selections*. Ed. Stephen Orgel and Jonathan Goldberg. Oxford: Oxford University Press, 1991.

——. "Paradise Lost." *John Milton: Selections*. Ed. Stephen Orgel and Jonathan Goldberg. Oxford: Oxford University Press, 1991.

Orwell, George. *1984*. New York: Harcourt, 1983. Page 256.

Tierney, Patrick. *The Highest Altar: The Story of Human Sacrifice*. New York: Viking, 1989. Page 277.

Webb, Mary. *Precious Bane*. Notre Dame, Indiana: University of Notre Dame Press, 2003. Page 43.

Zola, Émile. *Germinal*. Trans. Peter Collier. Oxford: Oxford University Press, 1993.

第三讲 债的故事

本章献给我在多伦多利赛德高中（Leaside High School）的英语老师贝茜·B. 比林斯（Bessie B. Billings）和佛罗伦萨·史沫特莱（Florence Smedley），是她们让我第一次读到《弗洛斯河上的磨坊》。献给维多利亚大学的杰伊·麦克弗森（Jay Macpherson）博士，他让维多利亚时代小说成为引人入胜的精彩读物。献给哈佛大学英语系的杰罗姆·H. 巴克利（Jerome H. Buckley）博士，他对狄更斯的作品做了精彩的解读。也献给亲爱的多伦多花园图书馆（Park Library），20 世纪 40 年代末，我从那借来了每一本我能够得到的安德鲁·朗格的童话书。

本章使用或引用的著作有：

Berne, Eric. *Games People Play: The Psychology of Human Relationships*. New York: Ballantine, 1964. Page 81.

Blake, William. "Jerusalem." *Selected Poetry and Prose*. Ed. Northrop Frye. New York: Random House, 1953.

Bunyan, John. *The Pilgrim's Progress*. Ed. Roger Sharrock. New York: Penguin, 1987. Page 79.

Dickens, Charles. *A Christmas Carol*. New York: Weathervane, 2007.

Eliot, George. *The Mill on the Floss*. Ed. Gordon S. Haight. New York: Oxford University Press, 1996. Page 252, 356, 359.

Hardy, Thomas. "The Ruined Maid." *Complete Poems*. Ed. James Gibson. New York: Palgrave, 2001.

Irving, Washington. "The Devil and Tom Walker." Internet text version.

Lang, Andrew. *The Blue Fairy Book*. New York: Dover, 1965.

Marlowe, Christopher. *The Tragical History of Doctor Faustus*. Ed. David Scott Kastan. New York: Norton, 2005.

Thackeray, W. M. *Vanity Fair*. 1908. Ed. Whitelaw Reid. London: Aldine Press, 1957.

引用乔叟的文本为标准版。

我在儿时读过《格林童话》，而且记得清清楚楚。

凡莱丽·马丁使我注意到"罚物游戏"。

一条对"救赎"的注释：于是"救赎"也有重新命名或重新定义你自己，以逃脱毁灭的命运。

"迪河的磨坊主"凭借我自己的记忆，但我也查阅了现有的文本。

第四讲 阴暗面

本章献给爱伦·坡。小时候我读了他的故事"一桶白葡萄酒"，感到非常害怕，这样我思考一个永远存在的问题：多大程度的复仇才够本？献给阿尔维托·曼古埃尔（Alberto Manguel），他曾对我说："加拿大人没有复仇故事。"从而促使我写了一篇，篇名为《毛球》（*Hairball*）。献给埃尔莫尔·伦纳德（Elmore Leonard），他对阴暗面的方方面面进行了精辟的阐释。献给拉里·盖纳（Larry Gaynor），他了解人类心中潜伏的阴影，也了解女性阴影中潜伏的感情。

还有一种真实生活中的报复方式，把冻虾放在窗帘杆中，闻到很容易，找到很难。

本章引用的著作有：

Buchan, James. *Frozen Desire: The Meaning of Money*. New York: Welcome Rain, 2001.

Dickens, Charles. *A Tale of Two Cities*. Ed. Andrew Sanders. Oxford: Oxford University Press, 1988.

——. *David Copperfield*. Ed. Nina Burgis. Oxford: Oxford University Press, 1999.

Johnson, Samuel. *Essays from the Rambler, Adventurer, and Idler*. Ed. W. J. Bate. New Haven: Yale University Press, 1968.

Leonard, Elmore. *Get Shorty*. New York: HarperCollins, 1990. Page 8.

Machiavelli, Niccolò. *The Prince*. Trans. Peter Constantine. New York: Random House, 2007.

Shakespeare, William. "The Merchant of Venice." *Complete Works*. Ed. Richard Proudfoot, Ann Thompson, and David Scott Kastan. London: Arden Shakespeare, 2001.

第五讲　偿还

本章应该献给的个人和组织无法计数，难以抉择。所以我谨献给引领我了解北极圈传统生活方式的导师：阿朱・彼得（Aaju Peter）、伯纳黛特・迪恩（Bernadette Dean）和约翰・霍斯顿（John Houston）。也献给加拿大探险协会（Adventure Canada）的马修・斯旺（Matthew Swan），是他使我们得以与这些导师取得联系。献给格莱姆・吉布森（Graeme Gibson），他探讨肉食动物、猎物及其生活环境的著作与我的著作有重叠之处。

伯沙撒王的盛筵见《圣经·但以理书》第五章。

约翰·邓恩的丧钟之说，来自 *Devotions*, "Meditation xvii"。

我设定新创斯克鲁奇所继承的财产来自斯克鲁奇幸福的外甥弗雷德，弗雷德是斯克鲁奇死去的妹妹范的儿子，也就是斯克鲁奇血缘最近的亲人。轻灵斯克鲁奇向慈善机构捐献了大量钱财，但是弗雷德接管了生意，采用了斯克鲁奇这一姓氏，在家族企业中继续保留这一名称。

新创斯克鲁奇的首席执行官鲍勃·克莱切特，是小说中原型鲍勃的后代，属于小蒂姆这一支。蒂姆体弱多病，沉浸于书本之中，成了书呆子，轻灵斯克鲁奇资助了他的教育。新鲍勃只有原创鲍勃的少数美德。

关于"投喂大地"，参见前引帕特里克·蒂尔尼的著作《至高祭坛：人祭的故事》。

关于梭伦及其债务改革的信息甚多，但可参见 John Ralston Saul, *Voltaire's Bastards*。

关于黑死病的著作甚多。例见 Duncan, Christopher, and Susan Scott. *Return of the Black Death: The World's Greatest Serial Killer*. Chichester: Wiley, 2004。以及 Kelly, John. *The Great Mortality: An Intimate History of the Black Death, the Most Devastating Plague of All Time*. Toronto: HarperCollins, 2005.

布莱克的话引自其诗作《抽象的人形》(*The Human Abstract*)。

将剪报放入旅行皮箱的 63 岁老妇是我的母亲。剪报是从《多伦多星报》(*Toronto Star*)上剪下来的，而剪报的内容则转载自《洛杉矶时报》(*Los Angeles Times*)。多年以后的 2008 年，将它翻出来阅读的人是我。

关于现在地球日魂灵的咖啡选择，参见 Bridget Stutchbury, *The Silence of the Songbirds*。

有关海洋破坏的资料不胜枚举。例见 Jones, Deborah. "In a Few Decades, There Will Be No Fish." *globeandmail.com*. 2005. *Globe and Mail*. 21 May 2008. <http://www.theglobeandmail.com/servlet/Page/document/v5/content/>。

关于优质鱼类的选择，参阅 www.seafoodwatch.org。若想提供帮助，参阅 www.Oceana.org。

树木产氧量的数据统计来自 www. torontoparksandtrees.org。

有关有机土壤对二氧化碳的吸收作用，参见 Beck, Malcolm. *The Secret Life of Compost*. Metairie, Louisiana: Acres, 1997。另见 www. FarmForward.com。

有关建筑物灯光如何害死禽鸟，以及如何提供你力所能及的帮助，敬请登录致死灯光警示项目 (flap) 官网 www.flap.org。另有诸多其他组织从事相关工作，并关注鸟类与风力发电厂的交互作用。如果你是城市公务人员或办公高楼租用者，为什么不关闭灯光，节能减排，并停止谋杀候鸟呢？这到底又有多难呢？

若想拯救信天翁免于灭绝，敬请登录国际鸟盟（BirdLife International）官网 www.birdlife.org，找到自己所在国家国际鸟盟合作机构，并慷慨解囊。

若想帮助拯救候鸟，除了登录国际鸟盟，也可登录美国鸟类保护协会（American Bird Conservancy）官网 www.abcbirds.org。

孟加拉乡村银行（The Grameen Bank）仅是小额信贷其中一例。

关于恶性通货膨胀，例见 Buchan, James. *Frozen Desire: The Meaning of Money.* New York: Welcome Rain, 2001。

关于特定技术所造成的无情破坏，参见 Juenger, Friedrich George. *The Failure of Technology: Perfection Without Purpose.* Hinsdale, Illinois: Henry Regnery, 1949。

斯克鲁奇糟糕的未来可能会变得更糟。有关这一临界点的预言，参见 James Lovelock, *The Revenge of Gaia.* London: Allen Lane, 2006。

如欲知道早期人类如何对动物保持更为包容的态度，不妨仔细阅读挪亚方舟的故事，详细考察释迦牟尼的生活，参考印度教教义和素食主义理念，并读一读伊斯兰教的动人神话故事《动物控诉人类》（*The Animals' Lawsuit Against Humanity*），以及《古兰经》中是如何严厉禁止虐待动物的。我要感谢雪城大学的葛三（Tazim Kassan）博士让我注意到如上数条信息。

维持本书作者敲打键盘的生物燃料，部分来自她所吞食的巧克力棒，其原料在荫下种植，天然有机，并经公平贸易而得，是唯一于鸟类无害的巧克力。

碳中性电能由牛蛙电力公司（Bullfrog Power）提供，公司网址为：www.bullfrogpower.com。

值得提出的是，所有慈善捐款中，除去用在宠物上的款项，用于非人类大自然的善款比例是低得荒谬的 1.5%。你可以改善这一统计数据。

与作者在加拿大地区预付版税净利润等值的捐款已经通过合作伙伴自然加拿大（Nature Canada）捐赠给国际鸟盟。

致谢

　　这一项目是凝结着爱的劳动。我如此做是为了阿南西出版社（House of Anansi Press），特别是为了出版社的老板斯科特·格里芬（Scott Griffin）：面对加拿大文学出版如此令人望而却步的前景，他勇往直前，如此的勇气不应不受到赞赏，尽管赞赏时常缺席。

　　还要向许多人致以谢意。首先感谢我的经纪人，北美的菲比·拉蒙（Phoebe Larmore）以及英国的薇薇恩·舒斯特（Vivienne Schuster）和贝齐·罗宾斯（Betsy Robbins）。感谢阿南西出版社的萨拉·麦克拉克伦（Sarah MacLachlan）和林恩·亨利（Lynn Henry）。感谢布卢姆茨伯里（Bloomsbury）的亚历山大·普林格尔（Alexandra Pringle）。感谢不知疲倦的编辑希瑟·桑斯特（Heather Sangster）。感谢加拿大广播公司的菲利普·库尔特（Philip Coulter）和伯尼·卢赫特（Bernie Lucht）。感谢梅西学院（Massey College）的主任约翰·弗雷泽（John Fraser），以及经他妙手安排，及时出现于需要的时刻的两位研究助手克莱尔·巴特希尔（Claire Battershill）和迪伦·史密斯（Dylan Smith）。

感谢对我助益良多的第一批读者，杰斯·阿特伍德·吉布森（Jess Atwood Gibson）和瓦莱丽·马丁（Valerie Martin），还有达斯·拉姆齐（Drs. Ramsay）和爱丽诺·库克（Eleanor Cook），他们真的在一些页边空白处草草写下"这真荒唐"。我希望我已经把这些地方全剔除了，尽管仍有一些他们没有注意到的荒谬之处得以保留。感谢大卫·杨（David Young）和朱迪思·蒂姆森（Judith Timson），他们容许我向其征询意见，忍受我的喋喋不休。感谢 O. W. 托德办公室（O. W. Toad office）的支持团队，包括莎拉·韦伯斯特（Sarah Webster）、香农·谢尔顿（Shannon Shields）、劳拉·施滕贝格（Laura Stenberg）、彭妮·卡瓦诺（Penny Kavanaugh）还有安妮·裘德斯玛（Anne Joldersma），当事情变得支离破碎时，是他们阻止它彻底地分崩离析。

最后，感谢格雷姆·吉布森（Graeme Gibson），他懂得如何做到平衡，也能包容不平衡，包括我在写作此书时所造成的不平衡。

感谢所有人，我欠了你们的债。

作者简介

————

玛格丽特·阿特伍德（1939— ），是载誉全球的作家、诗人、评论家，曾任加拿大作家协会主席，斩获多个重量级国际文学奖项：英国的布克文学奖（the Booker Prize），加拿大的吉勒文学奖（Scotiabank Giller Prize）、总督文学奖（ Governor General's Literary Award），法国艺术文化勋章（Government of France's Chevalier dans l'Ordre des Arts et des Lettres）等。另有其他众多畅销作品，如《使女的故事》《盲眼刺客》《强盗新娘》等。

译者简介

————

张嘉宁，2010 年毕业于华东师范大学人口所。曾任社工、编辑。另有译作《工作：生活的意义》。